Suunnan muutos –
okkultistista kristityksi

Seppo Johansson

Suunnan muutos
– okkultistista kristityksi

Herran tiet ovat ihmeelliset

Kansikuva: Helsingin Annankadun adventtikirkon alttarisyvennys, joka liittyy uskoontulooni, ks. sivu 27.

Kirjoittajan kotisivut: www.sananmiekka.fi

Muut kirjat: Stadin kundista evankelistaksi ja Danielin kirjasta Ilmestyskirjaan

© Seppo Johansson, 2018

ISBN 978-952-80-0545-2

3. painos

Taitto: Pekan painopinta

Kustantaja: BoD–Books on Demand, Helsinki, Suomi
Valmistaja: BoD–Books on Demand, Norderstedt, Saksa

Raamatun tekstit, ellei toisin mainittu on otettu Suomen evankelisluterilaisen kirkon vuonna 1992 käyttöön ottamasta suomennoksesta. Suomennoksen tekijänoikeudet omistaa Kirkon keskusrahasto. Käytetty luvalla. (VKR=Vanha kirkkoraamattu.)

Sisällys

Alkusanat 7

Okkultismin vaarat 9

Uskoontuloni 25

Hengellisiä uniani ja kokemuksiani 29

Jeesus – Raamatun Jumala 37

Ruokavalioni 49

Evankeliointityöni 55

Vankilatyöni 63

Miksi olen adventisti? 67

Kokemuksiani armosta 79

Alkusanat

" Taivaassa syttyi sota. *Mikael ja hänen enkelinsä kävivät taisteluun lohikäärmettä vastaan. Lohikäärme enkeleineen teki vastarintaa mutta kärsi tappion, eikä sille ja sen joukolle ollut enää sijaa taivaassa. Tuo suuri lohikäärme, tuo muinaisaikojen käärme, jota kutsutaan Paholaiseksi ja Saatanaksi, tuo koko ihmiskunnan eksyttäjä, syöstiin maan päälle, ja samoin syöstiin alas sen enkelit"* (Ilm.12:7–9).

Ennen ihmiskunnan luomista oli taivaassa tapahtunut sota Kristuksen ja saatanan välillä, joka päättyi saatanan ja hänen enkeliensä häviöön. Saatana oli alun perin korkea enkeliolento, joka nousi kapinaan Jumalan hallitusta vastaan ja sai kolmannen osan enkeleitä puolelleen. Sodan lopputulos oli saatanan häviö ja näin hänet enkeleineen syöstiin maan päälle. Siksi maan päällä jatkuu tämä sama hyvän ja pahan välinen taistelu, joka tulee lopulta päättymään hyvän voittoon.

Saatanan ja hänen enkelijoukkojensa olemassaolo ja toiminta näytetään todistukseksi koko maailmankaikkeudelle, että Jumalan tuomio oli oikea ja jotta taivaassa ei synny toistamiseen sotaa. Jumala on luvannut, että tämän jälkeen vallitsee koko maailmankaikkeudessa ikuinen rauha ja täydellisyys. Jokainen ihminen joutuu syntiinlankeemuksen seurauksena elämänsä aikana olemaan mukana tässä taistelussa,

7

mutta voittajille on luvattu iankaikkinen elämä ja erikoisasema taivaassa.

Paholainen tekee kaikkensa ihmisten johtamiseksi harhaan ja kadotukseen, koska hänet enkeleineen on jo tuomittu kadotukseen. Yksi hänen harhauttamiskeinoistaan on juuri okkultismi. Paholainen pystyy tekemään käsittämättömiä ihmeitä ihmisen eksyttämiseksi. Ainoastaan turvautuminen Jeesukseen ja Jumalan sanaan varjelee meidät okkultismilta. Jumala on etukäteen paljastanut meille paholaisen eksytykset sanassaan. Ilman Jumalan sanan tutkimista ja omaksumista me menemme automaattisesti harhaan, sillä hän on viisain Jumalan luomista olennoista. Tiedän sen omasta kokemuksestani ja Jumalan sanan perusteella.

Tämän kirjan tarkoituksena on kertoa suunnanmuutoksestani okkultistista kristityksi ja samalla todistaa Jumalan olemassaolosta, Raamatun totuudesta ja evankeliumin elämää muuttavasta voimasta. Haluan myös tällä kirjalla kertoa Jeesuksen pikaisesta takaisintulosta, joka kaikkien raamatunkohtien perusteella on hyvin lähellä.

"Hän, joka todistaa tämän, sanoo: "Tämä on tosi, minä tulen pian." Aamen. Tule, Herra Jeesus! Herran Jeesuksen armo olkoon kaikkien kanssa" (Ilm. 22:20,21).

Espoossa 2014
Seppo Johansson
www.sananmiekka.fi

Okkultismin vaarat

Elämäntarkoitusta aloin etsiä noin 30-vuotiaana. Minulla on lapsuudesta asti ollut yliluonnollisia kokemuksia ja hyvin rikas unielämä. Näiden perusteella aloin tutkia kuoleman jälkeisen elämän mahdollisuutta ja tämä johti minut okkultismin pariin. Okkultismi on yksi paholaisen monista työmuodoista ihmisen pettämiseksi ja siksi haluan tällä kirjoituksellani varoittaa okkultismin vaaroista, koska olin ennen uskoontuloani sen lumoissa vihollisen eksyttämänä. Ihminen on luonnostaan kiinnostunut kaikista salatuista ja tuntemattomista asioista. Paholainen käyttää menestyksellisesti hyväkseen tätä ihmisen luontaista ominaisuutta. Hän antaa virikkeitä ja todisteita salattujen asioiden olemassaolosta. Ilman Jumalan sanan perusteellista tuntemusta ihminen on auttamattomasti paholaisen petkutuksien armoilla. Siksi on ensiarvoisen tärkeätä myös tutustua viholliseen, hänen toimintatapaansa ja ennen kaikkea Jumalan antamiin varoituksiin ja ohjeisiin. Raamattu on meidän ainoa ohjekirja vihollisen toiminnan paljastamiseksi.

Kiinnostukseni okkultismiin ennen uskoontuloani alkoi ufoista. Luin ahkerasti Erich von Däniken ja Tapani Kuninkaan kirjoja ja kävin Ufo-kerhon kokouksissa. Vähän myöhemmin aloin tutkimaan paranormaaleja ilmiöitä Teosofisen seuran puheenjohtajan luennoilla työväenopistossa. Tämän opetuksen seurauksena yhdistin ufot henkimaailman olemassaoloon enkä konkreettisiin avaruusolentoihin, koska ufoista ei ole todistettavasti jäänyt minkäänlaisia todistuskappaleita. Uskoontuloni jälkeen ymmärsin, että ufot ovat myös paholaisen eksytys saadakseen ihmiset uskomaan korkeimpiin vieraisiin kulttuureihin eikä Jeesukseen ainoana pelastajana.

Ennen kuin tulin uskoon, tutkin siis hyvin innokkaasti paranormaaleja ilmiöitä noin kymmenen vuotta. Luin alan kirjallisuutta, kävin ahkerasti erilaisissa tilaisuuksissa ja tapasin tunnettuja selvännäkijöitä. Liityin lopuksi Suomen parapsykologiseen seuraan. Kaikki kokemukseni pitivät täysin yhtä alan opetuksen kanssa ja siksi uskoin olevani oikealla tiellä. Uskoin, että parapsykologiasta löytyy totuus. Uskoin löytäneeni kuoleman jälkeisen elämän salaisuuden. Olin eksytettynä onnellinen.

Jälleensyntyminen on kiehtonut ihmisten ajatuksia, koska tällaiset kokemukset ovat antaneet jonkinlaista varmuutta elämän jatkumisesta. Esim. monet pienet lapset ovat vakavissaan tuoneet esiin kokemuksiaan edellisestä elämästään. Parapsykologit väittävät, että Raamatussa mainittu uudestisyntyminen tarkoittaa jälleensyntymistä. He eivät tiedä, mitä uudestisyntyminen on, koska eivät ole itse sitä kokeneet. Ainoastaan uudestisyntynyt ihminen ymmärtää tämän kokemuksen. Hypnoosissa saadut kokemukset ja henki-ilmestyksien kertomukset eivät todista jälleensyntymisestä, koska vihollinen toimii tällä alueella. Raamatun mukaan ihmisellä on vain yksi elämä ennen Jeesuksen takaisintuloa (Saarn. 9:5, 6; Job 7:9).

Ruumiista irtaantumiskokemukset varsinkin leik-kauksen nukutusvaiheessa ovat monille sen kokeneille vahvimpia todisteita elämän jatkumisesta välittömästi kuoleman jälkeen. Itsellänikin on hyvin vajavainen ko-kemus siitä. Olen juuri ja juuri päässyt vuoteeltani is-tumaan kehoni ollessa makuuasennossa. Yritin sytyt-tää valoa, mutta käteni meni vain seinän läpi. Sitten jokin voima veti minut takaisin sänkyyn. Oliko tämä unta vai todellisuutta, se jäi minulle epäselväksi.

Parapsykologit väittävät, että ihmisellä on aineelli-sen ruumiin lisäksi astraalinen ruumis, joita yhdistää hopealanka eli jonkinlainen energiasäie, jonka pak-suus riippuu etäisyydestä. Ihmisen kuollessa tämä ho-pealanka katkeaa, ja astraaliruumis yksinään on jäl-leen toimiva ja elävä ihminen eri värähtelytasoilla.

Ruumiista irtaantumiskokemuksia ei ole pystytty todistettavasti selvittämään. On kysymys ilmeisesti jonkinlaisesta näkytilasta tai hallusinaatiosta, jollais-ta esiintyy epänormaalissa tilanteessa tai vihollisen tai myös Jumalan aikaansaamana. Esim. vihollinen vei Jeesuksen hyvin korkealle vuorelle ja näytti hänel-le kaikki maailman valtakunnat ja niiden loiston. Ju-mala tempasi Paavalin kolmanteen taivaaseen, para-tiisiin, jossa hän kuuli Jumalan salaisuuksia. Ei siten ole kysymys toisesta olomuodosta.

Lopullisesta kuoleman jälkeisestä olotilasta ruu-miista irtaantumiskokemukset eivät ole mitään to-disteita. Raamattu opettaa, että ihminen on Jumalan hengen ja aineen yhdistelmä, joka tarvitsee molemmat tekijät (1. Moos. 2:7). Ihmistä ei siis ole luotu henki-olennoksi vaan lihaa ja verta olevaksi ruumiilliseksi olennoksi.

Monet ihmiset ovat suuressa surussaan lähteneet

etsimään omaisiaan spiritistisiin istuntoihin ja tulleet täysin vakuuttuneiksi heidän olemassaolostaan, koska todisteet ovat heidän mielestään vääjäämättömät. Olen itsekin seurustellut kuolleitten ystävieni kanssa vain unissa mutta sitä selvemmin. Minulla on unissakin selvä käsitys kuolleitten tilasta, joten en ole mennyt niiden ansaan. Kun olen niille paljastanut, ettei ole kysymys ystävästäni, ne ovat vihaisesti poistuneet. Eräskin niistä sanoi: "Niinhän te sanotte", ja poistui heti.

Parapsykologiassa yritetään yhteydenottoa kuolleisiin hyvin innokkaasti, koska siellä on käsitys henkimaailman ilmoituksen mukaan, että on helpompi ottaa yhteyttä sinne päin kuin sieltä tänne päin. Tämä yhteydenotto tapahtuu monella eri tavalla, kuten unien, meedioiden, automaattikirjoittamisen ja muiden spiritististen tapojen kautta.

Jumala kieltää ehdottomasti yhteydenpidon vainajahenkiin, koska on kysymys pahoista hengistä (Jes. 8:19). On kysymys petkutuksesta. Vainajahenkien antama tieto on todella supisemista ja mumisemista, jotta he eivät paljastuisi. Vanhan liiton aikana tällaista harjoittavat henkilöt jopa kivitettiin kuoliaaksi Jumalan määräyksestä.

Parapsykologiset tutkimukset ja kaikki pakanauskonnot puoltavat sielun kuolemattomuutta. Parapsykologit väittävät, että siirtyminen kuolemasta tuonpuoleiseen on kuin ihminen riisuisi vain takin päältään eli muututaan välittömästi astraaliruumiiksi, jonka vaellus sitten jatkuu seitsemällä eri energiatasolla. Jotkut sitten joutuvat kehittyäkseen palaamaan vielä takaisin tähän maailmaan. Raamattu puolestaan opettaa, että kuolleet ovat haudoissaan ja pelastetut herätetään vasta Jeesuksen takaisin tullessa, joten elämä ei jatku heti kuoleman jälkeen (Joh. 5:28, 29).

Automaattikirjoittaminen on ilmiö, jossa henkilö alkaa kirjoittaa täysin ymmärrettävää tekstiä paperille ilman omaa ajatustaan. Jokin voima ohjaa hänen kättään. Automaattikirjoitus on parapsykologeille yksi vahva todiste kuoleman jälkeisestä elämästä. Siitä on jo yli 40 vuotta, kun luin yhden tällaisen automaattikirjoituksella tehdyn kirjan. Sen nimi oli Jumalan henkimaailman korjaama uusi testamentti. Uskoin silloin täysin tuohon kirjaan, koska uskoin, että siinä oli lähes 2000 vuoden aikana Raamattuun tulleet virheet korjattu alkuperäiseen muotoon ja oikeiksi. Myöhemmin sitten uskoon tuloni jälkeen huomasin, että siinä oli Raamatun suuret pelastustotuudet jätetty pois tai muutettu vähempiarvoisiksi. Kirja oli siis suurta petkutusta. Pahat henget olivat olleet asialla.

Yksi vahva todiste on myös meedioiden kautta puhuvat ja laulavat henget. Televisiossakin esiintyi aikoinaan eräs naishenkilö, jonka kautta jo aikoja sitten kuolleet tunnetut laulajat lauloivat. Hänen äänensä muuttui sen mukaan, oliko kysymyksessä mies tai nainen. Laulut vaikuttivat hyvin aidoilta ja olivat kyseiselle naishenkilölle täysin vieraita, vaikkakin hänen ilmeensä olivat vähemmän kaunista katseltavaa. Raamatun mukaan kuolleet eivät tiedä mitään, koska ihmiset tullaan herättämään vasta tämän maailman päätyttyä joko iankaikkiseen elämään tai kadotukseen. Vihollinen toimii siis meedioiden kautta.

Monet ennustajien ja selvänäkijöiden kautta saadut tiedot näyttävät usein hämmästyttävän oikeilta ja toteutuvilta. Tietävätkö he todella tulevaisuudesta ja muista ihmisiltä salatuista asioista? Selvännäkijöiden tiedot ovat ihme kyllä hyvin hämmästyttäviä. On saatu hyvinkin tarkkoja tietoja ja toteutuneita tulevaisuuden ennustuksia, jotka eivät voi olla sattuman oikkuja. Raamattukin myöntää tämän. Mistä sitten on kysymys? On kysymys petoksesta. Pimeyden voimien asiamiehet ovat liikkeellä. He tuntevat uhrinsa elämänvaiheet ja ohjaavat hänen tulevaisuuttaan. Jumala kehottaa ehdottomasti kysymään asioita ainoastaan Häneltä henkimaailman sijaan. Itselläni on kolme kokemusta selvänäkijöiden luona käymisestä. Tunnetuin heistä lienee Aino Kassinen. Hän ei tiennyt muistaakseni mitään erikoista minusta. John Sundströmiä eli Sunttaa arvostettiin paljon parapsykologisissa piireissä lähinnä hänen kyvystään nähdä ihmisen aura, josta voidaan päätellä ihmisen luonnetta, mielentilaa ja elimellisiä vikoja. Hän totesi aurastani, että minulta on leikattu umpisuoli, joka piti paikkansa. Hän ennusti myös tulevaisuutta uniensa kautta. Hän ennusti mm. oman kuolemansa tapahtuvan muistaakseni 73-vuotiaana. Tämä ei toteutunut. Hän eli muistaakseni noin 80-vuotiaaksi. Paras kokemukseni oli käyntini erään tunnetun korteista ennustajan luona. Näin jopa ennen sitä unta, että minun piti maksaa hänelle 20 markkaa, mikä herätti luottamustani häneen. Hän tiesi nykyisestä elämästäni ihmeteltävän paljon. Tulevaisuudestani hän ennusti, että tulen katsomaan kuolemaa silmästä silmään risteyskolarissa. Tämä ei ole vielä toteutunut, vaikka ennustuksesta on jo kulunut yli 40 vuotta. Jumalan suunnitelmat olivat toiset. Ehkä ennustus olisi mahdollisesti toteutunut, jos en olisi ottanut Jeesusta elämäni Herraksi.

Vihollinen pystyy ilmoittamaan asioita nykytilanteesta, mutta tulevaisuutta hän ei tiedä. Korkeintaan hän voi aavistaa jotakin nykyisten tilanteiden pohjalta. Jumala on salannut ihmisiltä tulevaisuuden heidän parhaaksensa. Ainoastaan määrätyt tulevaisuuden suunnitelmansa Jumala on ilmoittanut profeettojensa kautta (Aam. 3:7).

Ihmiset juoksevat nykyisin kaikenlaisten henkiparantajien luona hakemassa apua. Näitä parantumisilmiöitä tapahtuu sekä kristillisissä piireissä että okkultismin parissa. Ovatko kaikki parantumisilmiöt Jumalasta vai mistä on kysymys? Parapsykologian piirissä käsillä parantaminen on hyvin suosittua. Tapahtuu myös kaukoparantamista. Paholaisen tehokkaimpia työkaluja on myös parantaminen, jonka tarkoituksena on johtaa ihminen eroon Jumalasta ja näin iankaikkiseen tuhoon. Hän käyttää sitä kristillisissäkin piireissä Raamatun totuuksien eksyttämistarkoituksessa. Raamattu puolestaan kehottaa kääntymään Jumalan puoleen sairauksien kohdatessa (Jaak. 5:14, 15).

Paranormaalit ilmiöt ovat täysin vastakkaisia Jumalan Raamatussa antamille tiedoille. Mistä tämä vastakkaisuus johtuu? Parapsykologinen tutkimus nojautuu tieteeseen, tutkimuksiin ja kokemuksiin. Yritetään ihmisjärjellä ottaa asioista selvää, eikä uskota Jumalan ilmoitukseen. Siksi joudutaan harhateille. Ei ymmärretä vihollisen petkutuksen mahdollisuutta. Paranormaalien ilmiöiden todellisia asiantuntijoita ovatkin todellisuudessa ne, jotka tutkivat näitä asioita Raamatun pohjalta. On hätkähdyttävää todeta, että parapsykologinen opetus ja kaikki pakanauskonnot ovat pääpiirteissään samanlaisia ja täysin poikkeavia kristinuskosta. Mistä tämä johtuu? Se johtuu siitä, että niitä johtaa tämän maailman ruhtinas eli saatana, jolle ihminen antoi syntiinlankeemuksessaan vallan. Jos ihminen ei usko Jumalan ilmoitukseen, hän on automaattisesti saatanan eksyttämä. Hän antaa niin vahvoja todisteita sielun kuolemattomuudesta, että ilman Raamatun apua viisainkin eksyy.

Parapsykologisissa tutkimuksissa esiintyvät hyvät henget eivät ole hyviä vaan hyviksi tekeytyviä pimeyden enkeleitä, langenneita enkeleitä, joiden tarkoituksena on johtaa ihmiset myös erilaisten paranormaalisten ilmiöiden kautta kadotukseen, johon heidät itsekin on jo tuomittu. On kysymys maailmankaikkeuden suurimmasta taistelusta Kristuksen ja saatanan välillä. Saatanan paras ase on hänen ensimmäinen valheensa: "ei, ette te kuole". Se on yhä edelleen hänen paras valheensa ja se toimii paranormaaleissa ilmiöissä todella kiitettävästi.

Ilmestyskirja paljastaa, että saatana tulee toimimaan lopun aikana ennen Jeesuksen tuloa erityisesti ihmeiden ja spiritismin kautta (Ilm. 16:14), joita hän toteuttaa mm. monien erilaisten paranormaalisten ilmiöiden kautta. Näiden ilmiöiden salaisuus ei paljastu minkäänlaisten tieteellisten tutkimusten ja mietiskelyjen tuloksena. Ainoastaan Raamatun tutkistelu johtaa oikeaan ratkaisuun ja antaa turvan saatanan petokselle.

Kautta aikojen ihmiset ovat olleet kiinnostuneita tulevista tapahtumista ja varsinkin omasta tulevaisuudestaan. Tähän tarjoaa erinomaisen mahdollisuuden tähdistä ennustaminen eli astrologia. Uskotaan, että taivaan suurilla taivaankappaleilla auringolla, kuulla, kiertotähdillä ja eläinradan kuvioilla on voima hallita ihmisen käyttäytymistä ja tulevaisuutta. Täytyy heti aluksi mainita, että en ole astrologian asiantuntija, vaan yritän puhua siitä Raamatun ja omien kokemuksieni valossa.

Ennen uskoontuloani harrastin astrologiaa jonkin verran. Kävin mm. astrologian kurssin työväenopistossa. Kurssin pohjalta laadin sitten syntymäkarttoja tuttavilleni. Tutkin heidän nousevan merkkinsä ja muiden taivaankappaleiden sijainnin heidän syntymähetkellä. Yritin sitten ohjeiden mukaan selitellä heidän luonnettaan ja tulevaisuuttaan tämän syntymäkartan pohjalta. Tulin turhautuneeksi. Astrologisissa piireissä oltiin eri mieltä nousevan merkin ja aurinkomerkin merkityksestä. Lisäksi eri taivaankappaleet muodostivat niin monenlaisia mahdollisuuksia, että oli melkein mahdotonta tehdä mitään varmaa ja tarkkaa analyysia. Jätin astrologian harrastuksen. Oli tuosta harrastuksesta kuitenkin jotain hyötyä. Opin tuntemaan taivaankappaleiden liikkeet maahan nähden ja totesin niiden muodostavan ihmeellisiä ratoja johtuen samanaikaisesta maan liikkeestä.

Astrologian katsotaan alkaneen kaldealaisten keskuudesta Babylonista. Sieltä se sitten levisi ympäri maailmaa ja keskiajalla se oli yksi maanosamme lempitieteistä. Raamattu yhdistää myös astrologian ja Babylonin toisiinsa. Danielin kirjassa nimittäin kerrotaan ajasta, jolloin Israelin kansa oli tottelemattomuutensa takia pakanallisen kuninkaan Nebukadnessarin alaisena Babylonin pakkosiirtolaisuudessa noin 500 vuotta eKr. Myös tähtienselittäjien mainitaan silloin olleen kuninkaan neuvonantajia.

Danielin kirjan toisessa luvussa kerrotaan kuningas Nebukadnessarin unesta (Dan.2:27, 28), jossa Jumala ilmoitti kuvapatsaan muodossa koko maailmanhistorian aina ajan loppuun asti. Daniel ei siinä antanut mitään arvoa tähtienselittäjille. Hän yhdisti heidät jopa noitiin. Daniel turvautui ainoaan oikeaan ja luotettavaan neuvonantajaan: Jumalaan.

Horoskooppimerkkien ominaisuudet ovat usein niin laadittuja, että ne sopivat monille muillekin ihmisille. Monet näkevät itsessään juuri niitä ominaisuuksia, joita oma horoskooppimerkki edellyttää, toiset enemmän ja toiset vähemmän. Toisista taas tuntuu, että he ovat kaukana omasta horoskooppimerkistään. Niin kuin alussa mainitsin, ollaan myös eri mieltä aurinkomerkin ja nousevan merkin merkityksestä. Aurinkomerkillä tarkoitetaan sitä eläinradan kuviota, jossa aurinko on syntymähetkellä ja nousevalla merkillä sitä eläinradan kuviota, joka on juuri nousemassa syntymähetkellä. Minun aurinkomerkkini eli horoskooppimerkkini on kaksonen. Nousevaa merkkiäni ja tähtien asentoja en enää muista. Omasta mielestäni olen luonteeltani kaikkea muuta kuin kaksonen.

Mitä tulee taas tulevaisuuden ennustamiseen, monet astrologiset ennusteet näyttävät toteutuneen, mutta eivät kuitenkaan sataprosenttisesti. Saattaa olla, että vihollisella on sormensa pelissä saadakseen ihmiset uskomaan niihin eikä Jumalan sanaan. Jumala sallii ennustusten toteutua kokeillakseen, uskooko ja seuraako ihminen vieraita jumalia vai Herraa (5. Moos. 13). Raamatussa on monia vakavia varoituksia tähdistä ennustamisesta (2. Kun. 23:5; Jes. 47:13, 14; Aam. 5:26; Ap. t. 7:42, 43).

Raamatussa kerrotaan, kuinka tähti ohjasi itämaan tietäjiä Jeesus-lapsen luo. Olen lukenut lehdistä, että tuo tähti olisi ollut jokin suurten kiertotähtien konjunktio. Kun ei uskota Jumalaan ja Jumalan voimaan, yritetään keksiä ihmeille jokin luonnollinen ja tieteellinen selitys. Näin on käynyt Betlehemin tähden kanssakin. Raamattu nimenomaan kertoo, että tähti kulki tietäjien edellä ja pysähtyi sen paikan yläpuolelle, missä lapsi oli. Paljon uskottavampi on selitys, että tähti oli enkelijoukko, joka ilmestyi myös paimenille. Raamatun profetioissa nimenomaan tähdillä kuvataan enkeleitä.

Itämaan tietäjiä pidetään asuinseutunsa johdosta pelkästään astrologeina, kun ei tunneta Raamatun historiaa. Heidän omassa maassaan oli nimittäin säilynyt Babylonin pakkosiirtolaisuuden ajalta heprealaisia kirjoituksia, joissa oli ennustettuna Jeesuksen syntymä. Itämaan tietäjien joukossa oli myös rehellisiä ja Jumalaa pelkääviä miehiä, jotka tutkivat heprealaisia kirjoituksia ja jumalallinen valo johti heidät niiden kautta Jeesus-lapsen luo.

Astrologialla on siinä mielessä yhteyttä paholaiseen, että sen tarkoituksena on johtaa ihmisiä kysymään neuvoa ja tulevaisuutta luoduilta taivaankappaleilta eikä niiden luojalta eli Jumalalta. Astrologiaa voidaan näin ollen verrata myös pakanalliseen auringon jumalan Baalin palvontaan, mikä oli epäjumalan eli paholaisen palvontaa. On mielenkiintoista todeta, että muinaisessa Babylonissa astrologeilla oli amulettina Auringon sinetti, jossa oli 36 neliön muotoon järjestettyä numeroruutua, joiden lukuarvojen summaksi tuli 666 eli pedon luku. Pedon luvulla on juurensa jo siellä muinaisessa Babylonissa. Se liittyy siis Auringon palvontaan. Astrologiassa on vielä nykyäänkin kukin 12 eläinkuviosta eli huoneesta jaettu kolmeen tarkempaan osaan eli muodostuu yhteensä myös 36 osaa, joiden kautta tehdään sitten tarkempi luonneanalyysi.

Eräs kirja kertoo tositapahtumana nuoresta miehestä, jolle astrologi ilmoitti, että hän tulee solmimaan kaksi avioliittoa, joista vasta jälkimmäinen olisi hänelle oikea. Miehen ensimmäinen avioliitto oli onnellinen ja siitä syntyi kolme lasta. Hän kuitenkin uskoi astrologiin ja purki ensimmäisen avioliittonsa ja meni uudelleen avioon uskoen, että vasta toinen avioliitto olisi oikea ja vielä onnellisempi. Tämä toinen avioliitto kuitenkin epäonnistui täysin ja päättyi muutaman kuukauden jälkeen avioeroon. Mies oli joutunut astrologisen ennustuksen uhriksi, jolla oli kohtalokkaat seuraukset hänen elämälleen. Sama kirja kertoo myös eräästä opiskelijasta, joka rahoitti opiskelunsa laatimalla yhden ainoan horoskoopin, joka sopi kaikille ihmisille ja kaikki tunnistivat siitä itseään miellyttäviä ominaisuuksia. Hänen kokeilunsa oli täydellinen menestys ja hän sai asiakkailtaan paljon kiitoskirjeitä.

Eräässä lehdessä taas kerrotaan, kuinka eräs filmitähtien suosima astrologi saa vuosittain satumaisia summia ja kuinka eräs Colar-nimeä käyttävä yrittäjä on myynyt yli sata miljoonaa horoskooppia dollarin kappalehinnalla. Tietysti on myös rehellisiä ja vilpittömiä astrologeja, jotka haluavat auttaa ihmisiä heidän ongelmissaan. He uskovat jossain määrin astrologiaan, mutta eivät tiedä, että se on Jumalan tahdon vastaista. He eivät ole perehtyneet Raamattuun.

Meillä on luotettava opas saada selville tulevia tapahtumia eli Raamattu. Voimme kääntyä pois tähdistä itse tähtien Luojan puoleen. Raamatussa on varoittavia esimerkkejä siitä, kuinka israelilaiset ottivat vaimoja pakanakansoista ja omaksuivat heidän tapojaan ja lähtivät palvelemaan vieraita jumalia ja näin vieraantuivat Herrasta. Näin saattaa käydä astrologian suhteenkin, koska se on juuri lähtöisin pakanuudesta ja on epäjumalanpalvelusta. Vaikka horoskooppien seuraaminen useimmiten on vain harmitonta ajanvietettä, on turvallista pysyä siitä kokonaan erossa ja uskoa ja luottaa yksinomaan Jumalaan ja Hänen johdatukseensa. Saattaa nimittäin toteutua tunnettu sananparsi: Jos annat pirulle pikkusormen, menee koko käsi.

Jumala on sanansa mukaan ilmoittanut Raamatussa kaikki, mitä meidän tulee tietää tulevaisuudesta. Herra on myös luvannut huolehtia omistaan kuin silmäterästään. On turvallista ja huoletonta jättää kaikki asiat Herran johtoon. Herra on erityisesti antanut meille rukousmahdollisuuden, jossa voimme esittää Hänelle kaikki asiamme, niin pienet kuin suuretkin. Monet rukousvastaukset antavat täydellisen varmuuden siitä, että Herra kuulee rukouksemme ja täyttää ne sillä tavalla, kuin Hän näkee meidän parhaaksemme.

Harrastin myös ennen uskoontuloani pari vuotta

joogaa, tosin vain alkeita eli asantoja. Kokemukseni siitä oli, että jooga on mielestäni vain ajantuhlausta, koska saman hyödyn saa normaalista voimistelusta, venyttelystä, liikunnasta, levosta ja kaikin puolin terveellisestä elämästä. Joogan vaara on mielestäni siinä, että se on myöhäisemmässä vaiheessa itämainen uskonto ja me alistumme siinä hyvistä joogaliikkeistä huolimatta vihollisen alueelle. Parasta on pysyä siitä kokonaan erossa.

Olen äärettömän kiitollinen Jumalalle siitä, että Hän pelasti minut noilta okkultismin vaaroilta ja pettäjän valheilta Jeesuksen ristin juurelle. Se on valtavan suuri armo ja rakkaus Jumalalta. Siksi haluan palvella Häntä parhaan kykyni mukaan. Haluan myös erityisesti varoittaa ihmisiä okkultismin vaaroista. Tiedän kokemuksesta, kuinka monet ovat totuuden etsijöinä joutuneet vilpittömyydestään ja rehellisyydestään huolimatta tuohon petokseen ja heidän on mahdotonta päästä pois sieltä ilman Jumalan apua. Toisaalta tunnen taas monia, jotka ovat kokeneet Jumalan pelastavan käden.

Toivon, että tämä kirjoitukseni on omalta osaltaan kertonut okkultismin vaaroista ja että on parasta pysyä erossa kaikista niihin viittaavista toiminnoista. Ehkäpä tähän päätteeksi sopivat hyvin Efes. 6:11–18 sanat: *"Pukekaa yllenne Jumalan taisteluvarustus, jotta voisitte pitää puolianne Paholaisen juonia vastaan. Emmehän me taistele ihmisiä vastaan vaan henkivaltoja ja voimia vastaan, tämän pimeyden maailman hallitsijoita ja avaruuden pahoja henkiä vastaan. Ottakaa siis yllenne Jumalan taisteluvarustus, niin että kykenette pahan päivän tullen tekemään vastarintaa ja selviytymään taistelusta pystyssä pysyen. Seiskää lujina! Kiinnittäkää vyöksenne totuus, pukeutukaa vanhurskauden haarniskaan ja sitokaa jalkineiksenne alt-*

21

tius julistaa rauhan evankeliumia. Ottakaa kaikessa suojaksenne uskon kilpi, jolla voitte sammuttaa pahan palavat nuolet. Ottakaa myös pelastuksen kypärä, ottakaa Hengen miekka, Jumalan sana. Tehkää tämä kaikki rukoillen ja anoen. Rukoilkaa joka hetki Hengen antamin voimin. Pysykää valveilla ja rukoilkaa hellittämättä kaikkien pyhien puolesta. Rukoilkaa myös minun puolestani, että minulle annettaisiin oikeat sanat suuhun, kun ryhdyn puhumaan, ja että voisin rohkeasti julistaa evankeliumin salaisuutta".

Olen lisännyt tähän lukuun kirjani ensimmäisen painoksen jälkeen kaksi kokemusta, joista ensimmäisen kokemuksen koin 7.12.2014. Todistin silloin seurakuntamme pastorin pitämässä kokouksessa uskoontulostani sekä mainostin ja myin kirjaani radiotyön tukemiseksi.

Kun kokouksen jälkeen illalla menin nukkumaan, tunsin, että pimeässä makuuhuoneessani oli jokin epämiellyttävä olento ja näin vain tumman hahmon. Yhtäkkiä menin täysin liikuntakyvyttömäksi ja huusin Jeesusta avuksi. Vähitellen liikuntakyky palautui. Sytytin valot ja menin WC:hen, rauhoittelin itseäni ja palasin sänkyyn. Sama toistui uudelleen. Sen jälkeen rukoilin ja menin keittiöön ja join lasillisen vettä ja palasin sänkyyn. Tämän jälkeen pääsin rauhaan ja nukahdin.

Toisen vastaavanlaisen kokemuksen koin, kun olin saanut valmiiksi kirjani Danielin kirjasta Ilmestyskirjaan. Sama tumma hahmo ilmestyi jälleen makuuhuoneeni ovelle, kun olin menossa nukkumaan. Nyt hän hyökkäsi vuorastaan päälleni ja lukitsi minut sänkyyn, niin etten päässyt liikkumaan. Jälleen huusin Jeesusta avukseni ja paholainen lähti pois.

Ilmeisesti kirjani ovat tarpeelliset, koska saatana oli minulle näin vihainen. Nämä kokemukseni olivat

jälleen minulle yksi vahva todiste henkimaailman ole-
massaolosta ja siitä suuresta taistelusta, jota käydään
sielujen pelastuksesta. Ilmankos Paavali kirjoittaa:
*"Pukekaa yllenne Jumalan taisteluvarustus, jotta voi-
sitte pitää puolianne Paholaisen juonia vastaan. Em-
mehän me taistele ihmisiä vastaan vaan henkivaltoja
ja voimia vastaan, tämän pimeyden maailman hallitsi-
joita ja avaruuden pahoja henkiä vastaan"* (Ef. 6:11,12).
Nämä vihollisen pelottelut eivät lannistaneet mi-
nua vaan jatkan toimintaani, koska mitään ei voi ta-
pahtua ilman Jumalan sallimusta. Jeesus-nimessä on
ihmeellinen voima. Hän on meidän ainoa turvamme
vihollista vastaan. Meillä on todella mahtava Jumala,
joka auttaa meitä kaikissa asioissa, kun vain annam-
me elämämme hänen turvallisiin käsiinsä.

Uskoontuloni

Uskoontuloni alkoi seuraavasti. Minulle ilmestyi unessa 23.9.1974 enkeli ja laitoin päivämäärän ja unen heti muistiin. Uni oli hyvin selvä ja vaikuttava. Olin sinisessä huoneessa. Minulle ilmoitettiin, että kohta luoksesi tulee enkeli. Yhtäkkiä enkeli ilmestyi seinän läpi noin metrin korkeudella, pysähtyi ja ojensi minulle kolme palavaa valkoista kynttilää. Enkeli ei puhunut mitään vaan poistui hitaasti. Aamulla herätessäni minulla oli ihmeellinen ja onnellinen olotila. Olin nähnyt enkeliunen ja enkeli oli antanut minulle jotain. Tällaista en ollut kokenut aikaisemmin. Uni oli raamatullinen. Odotin kiinnostuneena uneni täyttymystä ja kerroin siitä monille ystävilleni. Varmasti uneni merkitsi jotain hyvää.

Noin vuoden kuluttua alkoi tapahtua. Postiluukustani tipahti Suomen Adventtikirkon kirjeellisen raamattuopiston kortti, jossa tarjottiin ilmaista kirjekurssia. Ilmoittauduin kurssille, koska halusin tietää, mitä Raamattu opettaa tuonpuoleisista asioista. Samoihin aikoihin alkoi kotini lähellä myös adventtikirkon arkeologiaa käsittelevä kokoussarja. Menin kokouksiin, koska olin kiinnostunut muinaisuudesta parapsykologian valossa.

Näissä kokouksissa Pyhä Henki alkoi välittömästi vaikuttaa. Ymmärsin, että iankaikkinen elämä on mahdollista vain Jeesuksen Kristuksen kautta. Tajusin, missä hirvittävässä eksytyksessä olin ollut viimeiset kymmenen vuotta. Tunsin voimakkaana syntisyyteni. Jeesus oli ainoa mahdollisuuteni. Olin valmis antamaan koko elämäni Herralle. Minulle tuli valtava sanan nälkä. Ahmin kaiken saatavillani olevan hengellisen kirjallisuuden. Raamatunkin luin läpi kokoussarjan aikana. Tunsin hyvin voimakkaana uudestisyntymiskokemuksen. Oli kuin olisin herännyt syvästä unesta eli entisestä elämästäni todelliseen elämään. Raamatun esimerkin mukaan poltin kaikki omistamani spiritistiset kirjat ja niitä oli paljon. Kerroin kokoussarjan pitäneelle pastorille unestani, ja hän arveli sen merkitsevän adventtikirkon julistamaa kolmen enkelin sanomaa.

Muistan erityisesti erään kokemuksen, kun olin jäällä hiihtämässä. Olin juuri lukenut Ellen Whiten kirjasta Suuri taistelu jumalattomien kohtalosta. Yhtäkkiä puhkesin valtavaan ilon itkuun siitä, että olin saanut tietää totuuden siitä, mitä olin etsinyt viimeiset kymmenen vuotta. Kiitin Jumalaa suurella äänellä siellä jäällä, kun ketään ei ollut kuulemassa. Se oli valtava tunnekohtaus. Enpä ole sellaista sen jälkeen kokenut. Se oli voimakas uudestisyntymiskokemus. Jeesus sanoi: *"Totisesti, totisesti: jos ihminen ei synny uudesti, ylhäältä, hän ei pääse näkemään Jumalan valtakuntaa"* (Joh. 3:3).

Minut kastettiin Helsingin Annankadun adventtikirkossa kokoussarjan päätteeksi 8.5. 1976. Se oli elämäni tärkein päivä. Olin saanut jättää kaikki aikaisemman elämäni aikana tehdyt synnit kasteen hautaan. Sain aloittaa uuden elämän puhtaalta pöydältä. Nyt olin kelvollinen Jeesuksen uhrin perusteella iankaikkiseen elämään.

Kun kasteen jälkeen seuraavan kerran tulin Annankadun adventtikirkkoon, koin ihmeellisen elämyksen. Löysin vastauksen unessani ilmestyneeseen enkeliin ja kolmeen valkoiseen palavaan kynttilään. Uneni täyttymys löytyi kirkon alttarisyvennyksestä. Siinä olivat nuo enkelin ojentamat kolme suurta lähes metrin korkuista palavaa valkoista kynttilää. Ympäristö oli yksityiskohtia myöten sama kuin unessani. Tämä kokemus oli uskoontulolleni ikään kuin piste i:n päälle. Ymmärsin, että Herra oli johdattanut minut uskoon ja adventtiseurakuntaan. Otin valokuvan silloisesta kirkon alttarisyvennyksen kolmesta kynttilästä (Katso kansikuva). Niin vaikuttava ja tärkeä oli minulle tämä kokemus.

Olen onnellinen siitä, että Herra johdatti minut Jeesuksen luo. Olen onnellinen siitä, että olen omaksunut adventtiseurakunnan julistaman Jumalan viimeisen armonsanoman, kolmen enkelin sanoman (Ilm. 14:6–12). Olen onnellinen siitä, että olen päässyt osalliseksi kolmen enkelin sanoman vastaanottaneiden autuuslupauksesta, mikä on luvattu heti tuon sanoman jälkeen.

Kun äitini näki minussa tapahtuneen elämänmuutoksen, hän lähti seuraamaan jälkiäni. Hänet kastettiin vuoden kuluttua minun kasteestani. Olen äärettömän onnellinen siitä, että olen saanut johtaa rakkaan äitini Jeesuksen yhteyteen. Uskon, että tapaamme jälleen ylösnousemuksessa, kun Jeesus saapuu noutamaan omansa taivaaseen.

Äitini on usein kertonut erikoisesta unesta, jonka hän näki minua odottaessa. Hänen päälle lensi taivaasta kyyhkynen, jota hän yritti hätistellä pois. Kyyhkynen kuvaa Raamatussa Pyhää Henkeä. Olikohan tämä jo silloin Jumalan antama merkki äidille siitä, että minusta tulee uskova. Näin on ainakin toteutunut.

Matteuksen evankeliumissa kerrotaan, kuinka enkeli ilmestyi Joosefille unessa ja kertoi Jeesuksen syntymästä. Siellä kerrotaan, kuinka Herra ilmoitti unessa tietäjille, että he eivät saa palata Herodeksen luokse, vaan heidän oli lähdettävä pois eri tietä. Edelleen kerrotaan, kuinka enkeli ilmestyi unessa Joosefille ja käski häntä perheineen pakenemaan Egyptiin. Raamatussa on esimerkkejä siitä, kuinka Herra puhui ihmisille unessa. *"Sillä Jumala puhuu tavalla ja puhuu toisella; sitä vain ei huomata. Unessa, öisessä näyssä, kun raskas uni valtaa ihmiset ja he nukkuvat vuoteillansa"* (Job 33:13, 14).

Hengellisiä uniani ja kokemuksiani

Olen pitänyt kirjaa joistakin erikoisista hengellisistä unistani ja kokemuksistani, joista oheisena muutamia. Ne ovat vahvistaneet uskoani ja luottamustani Jumalaan ja antaneet voimaa vaeltaa uskon kaidalla tiellä. Uskon, että ne ovat myös todistukseksi ja rohkaisuksi muille. Unilla on tärkeä merkitys lopun aikana Jumalan ja ihmisten välisenä kanavana. *"Tämän jälkeen on tapahtuva, että minä vuodatan henkeni kaikkiin ihmisiin. Ja niin teidän poikanne ja tyttärenne profetoivat, nuorukaisenne näkevät näkyjä, vanhuksenne ennusunia"* (Joel 2:28).

Näin uskoontuloni jälkeen seuraavan unen, joka on rohkaissut minua Herran työssä. Olin eräässä parapsykologisessa tilaisuudessa pelastamassa ihmisiä Kristukselle. Kun olin poistumassa tilaisuudesta, saatana oli odottamassa minua ovensuussa. Kun hän näki minut, hän nousi ja lähestyi minua. Hän oli hoikka noin kolme metriä pitkä mies. Yhtäkkiä hän pysähtyi noin viiden metrin päähän, eikä tullut lähemmäksi.

Jokin ääni sanoi minulle: "Saatana ei voi tulla lähemmäksi, koska ympärilläsi on enkelivartio". Tämä oli vain uni, mutta uskon, että se oli Herralta, koska Raamattu kertoo meille enkelien suojeluksesta. Tämä uni on antanut minulle rohkeutta Herran työssä. Jokaisella Jumalan palvelijalla on enkelivartio suojeluksena.

22.7.1978 sain seuraavan sanoman. Aamulla herätessäni toistin seuraavaa lausetta: "Rakasta Herraa. Siinä kaikki, mitä sinun tulee tehdä". Mielestäni tämä on täydellinen ohje Herran palvelusta varten.

12.11.1991 näin seuraavan unen. Olin pastori Toivo Markkasen kokoussarjassa. Hain sinne pyörätuolissa istuvan äitini sairaalasta, joten uni vastasi silloista tilannetta. Näin siellä myös vaimoni, kaksi tätiäni ja paljon muita ihmisiä. Kokoussalin eteisessä katonrajaan ilmestyi enkeli, joka sanoi seuraavan lauseen: "Jeesuksen takaisintulo on miehen kämmenen leveyden päässä". Ymmärsin unessa enkelin tarkoittavan hyvin lyhyttä aikaa. Aamulla ihmettelin, miksi enkeli sanoi kämmenen leveyden päässä, sehän on lyhyt matkan mitta. Etsin Raamatusta kaikki kohdat, joissa mainitaan kämmenen leveys, ja löysin Ps. 39:6, jossa kämmenen leveyttä käytetään myös ajan mittana. Siinä sanotaan: *"Katso, kämmenen leveydeksi sinä teit minun päiväni"*. Tämä jälkeenpäin löytämäni kohta vakuutti minulle, että uni oli Jumalalta. Jeesuksen takaisintulo on maailman tapahtumien ja Raamatun profetioiden perusteella lähellä. Miehen kämmenen leveys tarkoittaa ehkä siihen kuluvan vielä jonkin aikaa.

3.3.1992 näin seuraavan unen. Olin jossain maaseudulla seurakuntalaisten kanssa. Oli pilvinen ja tumma taivas. Pilvien keskellä näkyi kirkas aukko, johon ilmestyi Jumalan käsi nyrkissä ikään kuin hän olisi vihoissaan puinut nyrkkiä meille. Ilmeisesti Jumala halusi tällä nyrkillä varoittaa seurakuntaamme ja myös koko maailmaa synnillisestä elämästämme ja toivoo meidän tekevän parannuksen elämässämme odottaessamme Jeesuksen tuloa (Hes. 9:1–11).

14.3.1998 näin seuraavan unen. Olin unessa teatterin ovella. Minun ja teatterin esiintymislavan välissä oli suuri joukko pimeyden enkeleitä. Minun oli päästävä turvaan pimeyden enkelien toiselle puolelle teatterin esiintymislavalle. Miksi olin teatterissa? Ehkä se kuvaa tätä maailmaa. Kun lähestyin niitä, olin hyvin peloissani siitä, että tämä on nyt menoa. Viime tingassa niiden joukkoon ilmestyi nainen, joka otti kädestäni kiinni ja johdatti minut nopeasti turvaan lavalle. Sen jälkeen minulle sanottiin, että hän oli enkeli. Ehkä tämä kuvaa ahdistuksen aikaa, jolloin enkelit tulevat viime tingassa apuun, kun kaikki näyttää toivottomalta. Ehkäpä nainen tarkoitti E.G.Whitea tai profetian hengen ohjeita ahdistuksen aikaa varten. Nainen kuvaa myös seurakuntaa Raamatun profetioissa. Ehkäpä unella kerrottiin myös varjeluksesta nykyaikana. Tähän uneen liittyi seuraava uni, jonka näin 5.6.1999. Olin lentokoneessa ja tapasin siellä Ellen Whiten. Hän vahvisti, että tämä enkeliuneni oli Jumalalta.

11.9.2007 näin unen, jossa taivaalla näkyi erityisesti neljäs käsky ja myös viides käsky. *"Muista pyhittää lepopäivä. Kuutena päivänä tee työtä ja hoida kaikkia tehtäviäsi, mutta seitsemäs päivä on Herran, sinun Jumalasi, sapatti. Silloin et saa tehdä mitään työtä, et sinä eikä sinun poikasi eikä tyttäresi, orjasi eikä orjattaresi, ei juhtasi eikä yksikään muukalainen, joka asuu* *kaupungissasi. Sillä kuutena päivänä Herra teki taivaan ja maan ja meren ja kaiken, mitä niissä on, mutta seitsemännen päivän hän lepäsi. Sen vuoksi Herra siunasi lepopäivän ja pyhitti sen.*

"Kunnioita isääsi ja äitiäsi, että saisit elää kauan siinä maassa, jonka Herra, sinun Jumalasi, sinulle antaa" (2. Moos.8–12).

26.4.2008 näin sapattiyönä elämäntilanteestani johtuen unen, jossa olin kotini olohuoneessa ja menin makuuhuoneeseen. Istahdin nojatuolille. Samassa tuli enkeli ikkunan läpi ja istui viereeni. Hän kertoi olevansa suojelusenkelini ja ilmoitti nimensä olevan Orlando. Hän kertoi olevansa normaalisti noin kolmen metrin pituinen, mutta ilmestyi nyt noin kahden metrin mittaisena. En erottanut tarkalleen enkelin olemusta, vaan näin jonkinlaisen hahmon. Kun kysyin häneltä neuvoa evankelioimistyölleni, hän vastasi: "toimi niin kuin ennenkin". Tämä uni vakuutti minulle, että jokaisella Jumalan omalla on suojelusenkeli.

16.12.2011 näin unen, jossa enkeli tuli taivaasta ja sanoi minulle käskevällä äänellä: "Ole uskollinen kuolemaan asti". Hiukan pelästyneenä vastasin että olen uskollinen kuolemaan asti. Samat sanat löysin Raamatusta: *"Ole uskollinen kuolemaan asti, niin minä annan sinulle elämän kruunun"* (Ilm.2:10).

30.5.2013 näin unen, jossa odotimme Jeesuksen takaisintuloa. Yhtäkkiä näimme loistavan valoilmestyksen, jota luulimme Jeesukseksi. Nostimme kädet ylös, huusimme ja ylistimme Jumalaa. Se olikin enkeli. Samassa maa aukeni ja meidät vietiin piiloon ja turvaan johonkin kaupunkiin, jossa oli kaksi hotellirakennusta,

joihin oli varattu sata huonetta suomalaisia adventis-
teja varten. Siellä meidän piti odottaa vitsausten ajan
Jeesuksen takaisintuloa. Näinhän Raamattukin ker-
too: *"Ja nyt, kansani, mene huoneisiisi, sisälle, sulje
ovet jäljessäsi. Pysy piilossa lyhyt hetki, kunnes raivo
on ohi"* (Jes. 26:20).

Kesällä 1979 oli työpaikassani rautatiehallituksessa
haettavissa palkkaluokkaa korkeampi virka. Hain tätä
virkaa, koska uskoin, että minulla oli parhaimmat edel-
lytykset saada se. Parin kuukauden kuluttua minulle
tultiin sitten ilmoittamaan, että ko. viran oli saanut
minua nuorempi henkilö. Olin pettynyt ja masentunut,
koska olin pyytänyt vasta uskoon tulleena ko. virkaa
Herralta vedoten maksamiini kymmenyksiin ja Juma-
lan lupauksiin. Siihen aikaan minulla oli tapana leika-
ta Seurakuntasanomista koko viikolle päivän sana ja
pidin sitä näkyvissä piirustuslautani ylänurkassa. Ma-
sentuneena katsoin sen päivän raamatunjaetta: *"Mi-
nun palkkani on Jumalan tykönä"* (Jes. 49:4). Petty-
mykseni haihtui heti. Jumala vastasi minulle tällä ta-
valla. Tärkeintä ei ole raha, vaan iankaikkinen elämä
Jumalan luona. Myöhemmin sain kaksi palkkaluokkaa
korkeamman viran ja jopa kultaisen kädenpuristuk-
sen.

Voimakkaat sappikohtaukset olivat alkaneet vai-
vata minua silloin tällöin ja sappirakossani todettiin
pieniä kiviä. Jouduin leikkausjonoon, ja leikkauk-
seen pääsyä saisi odottaa parikin vuotta. Kesällä 89
olin Maranatha-leirillä Mikkelissä, jossa suoritettiin
asian johdosta öljyllä voitelu sapatti-iltana. Sunnun-
taina palasin sitten kotiin ja siellä minua oli odotta-
massa kirje, jossa minua pyydettiin välittömästi tule-
maan leikkaukseen Jorvin sairaalaan peruutuspaikal-
le. Leikkaus suoritettiin seuraavana keskiviikkona ja

se onnistui hyvin. Herra paransi näin lääkärien kautta.

Kysyin **5.6.1992** peukalokonstilla Herralta, lähdenkö 58-vuotiaana varhennetulle vanhuuseläkkeelle, jolloin eläkkeeni olisi 30 % pienempi koko loppuikäni. Halusin nimittäin tehdä enemmän Herran työtä loppuelämäni aikana. Sain vastaukseksi: *"Herra palkitkoon sinulle tekosi; tulkoon sinulle täysi palkka Herralta, Israelin Jumalalta, jonka siipien alta olet tullut turvaa etsimään"* (Ruut 2:12). Ymmärsin, että minun on lähdettävä vanhuuseläkkeelle. Herra tulee turvaamaan toimeentuloni. Seuraavan joulukuun puolivälissä esimieheni kutsui minut huoneeseensa ja kysyi, olenko halukas lähtemään lakkautuspalkalle vuodenvaihteessa. Tätä mahdollisuutta nimitettiin kultaiseksi kädenpuristukseksi. Lakkautuspalkka voitiin silloin antaa vakinaisessa valtion virassa olevalle henkilölle ja se edellytti vuoden täyttä palkkaa ja sen jälkeen täyden eläkkeen suuruista palkkaa. Osastollamme oli annettu tämä mahdollisuus kahdelle henkilölle. Näin pääsin täydelle "eläkkeelle" viisi ja puoli vuotta aikaisemmin kuin ikäni edellytti. Herra toteutti lupauksensa: sain täyden palkan Herralta.

Äitini kuolema ilmoitettiin minulle etukäteen. Olin erään ystäväni kesämökillä Kuhmoisissa, sillä olimme siellä kirjallisuustyössä. Sapattiaamuna 3.7.93 minut herätti unesta ääni, joka sanoi: 1. Kor. 10:13. Aamulla katsoimme tuota raamatunjaetta ja se kuului näin: *"Teitä ei ole kohdannut muu kuin inhimillinen kiusaus; ja Jumala on uskollinen, hän ei salli teitä kiusattavan yli voimienne, vaan salliessaan kiusauksen hän valmistaa myös pääsyn siitä, niin että voitte sen kestää."* Ihmettelimme mikä kiusaus meitä tulee kohtaamaan kirjallisuustyössä. Mitään kiusausta ei tapahtunut. Sunnuntaina sitten palasin kotiin ja kävin äitini luona sairaalassa. Luimme yhdessä Isä meidän -rukouksen. Äitini oli ehkä tavallista väsyneempi. Maanantaina minulle ilmoitettiin, että hän on tiedottomana ja saanut keuhkokuumeen, johon hän sitten menehtyi. Äitini oli minulle hyvin läheinen. Olin monesti pohtinut, miten kestän hänen poismenonsa. Saamani raamatunlause oli minulle suurena lohdutuksena. Herra antoi minulle sanansa mukaan voimaa kestää äitini poismeno ja näin on tapahtunut. Uskon tämän perusteella, että tulemme tapaamaan toisemme taivaassa. Olen kiitollinen Herralle hyvästä äidistä.

Jeesus – Raamatun Jumala

Muistuu mieleeni kertomus kahdesta ystävyksestä. Toinen heistä oli elämänkatsomukseltaan uskovainen ja toinen ateisti. Eräänä iltana he olivat kävelyllä ja ihailivat kirkasta tähtitaivasta. Uskova sanoi: "Kyllä Jumala on luonut ihmeellisen ja valtavan taivaan. Kaikki kulkevat kellon tarkkuudella rataansa". Ateisti vastasi: "Ei Jumalaa ole olemassa. Kaikki on syntynyt itsestään alkuräjähdyksen seurauksena".

Eräänä toisena iltana ystävykset olivat jälleen kävelyllä ja suuntasivat kulkunsa planetaarioon. Poistuessaan sieltä he keskustelivat näkemästään. Ateisti sanoi: "Kyllä tämän planetaarion suunnittelijat ovat olleet viisaita miehiä, kun ovat osanneet tehdä näin järjestelmällisen jäljennöksen tähtitaivaasta sen liikkeineen". Uskova tokaisi siihen pilke silmäkulmassa: "Ei kukaan ole sitä suunnitellut ja tehnyt. Se on syntynyt itsestään".

Maailmallisen ihmisen on vaikeata uskoa Jumalaan kaiken Luojana. Hän yrittää selittää järkensä yläpuolella olevia asioita tieteen pohjalta yhteensattumien seurauksena.

Tähtitaivas ja koko maailmankaikkeus pienimpiä yksityiskohtia myöten on kuitenkin mitä vakuuttavin todiste Jumalan olemassaolosta ja toiminnasta. Koko luomakunta todistaa Jumalan ihmeellisestä ja suunnitelmallisesta viisaudesta ja voimasta. Ajatellaanpa esim. ihmistä, luomakunnan kruunua: ihmisen elintoimintojen, aivojen ja järjen käsittämätöntä monimuotoisuutta. Tämän kaiken Jumala on luonut ja Hän ylläpitää ihmisen elintoimintoja. Kun Jumala puhui Jobille, hän kehotti katsomaan taivaan, maan ja luonnon ihmeellisyyksiä. Kaiken tämän todettuaan Job sanoi: *"Nyt minä ymmärrän, että kaikki on sinun vallassasi eikä mikään suunnitelmasi ole mahdoton sinun toteuttaa"* (Job 42:2). Profeetta Jeremia sanoo Jumalasta näin: *"Oi Herra, Jumalani! Suurella voimallasi ja väkevällä kädelläsi sinä olet luonut taivaan ja maan. Mikään ei ole sinulle mahdotonta"!* (Jer. 32:17).

Meillä on mahtava Jumala, Jeesus Kristus. Hän on luonnut koko maailmankaikkeuden, koko tähtitaivaan, koko maapallon, koko luomakunnan ja koko luomakunnan kruunun – ihmisen. Paavali sanoo Jeesuksesta: *"Hänen välityksellään luotiin kaikki, kaikki mitä on taivaissa ja maan päällä, näkyvä ja näkymätön, valtaistuimet, herruudet, kaikki vallat ja voimat. Kaikki on luotu hänen kauttaan ja häntä varten"* (Kol. 1:16).

Vaikka maapallomme on syntiinlankeemuksen seurauksena osittain puutteellisessa tilassa ja vaikuttaisi siltä, että Jumalaa ei olisi olemassa, siinä kuitenkin on nähtävissä kaikkivoivan Jumalan käsi. Ellen White kirjoittaa seuraavasti: "Jumala on rakkaus on kirjoitettuna jokaisessa avautuvassa silmussa, jokaisessa versovassa ruohonkorressa. Suloiset linnut, jotka täyttävät ilman iloisella viserryksellään, ihanan väriset kukat, jotka täydellisessä kauneudessaan sulostuttavat tuoksullaan ilman, metsien mahtavat puut runsaassa vihannassa lehtiverhossaan – ne kaikki todistavat Jumalamme hellästä, isällisestä huolenpidosta ja hänen halustaan tehdä lapsensa onnelliseksi" (Tie Kristuksen luo, sivu 6).

Jumalalle on kaikki mahdollista. Hän pystyy luomaan täydellisen synnittömän maailman. Hän pystyy tekemään ihmisen ikuisesti onnelliseksi. Näin hän tulee suuressa rakkaudessaan toteuttamaan hyvän tahtonsa. Hän on valmistanut meitä varten sellaista, mitä emme voi kuvitellakaan. Paavali sanoo: *"Me julistamme, niin kuin on kirjoitettu, mitä silmä ei ole nähnyt eikä korva kuullut, mitä ihminen ei ole voinut sydämessään aavistaa, minkä Jumala on valmistanut niille, jotka häntä rakastavat"* (1. Kor. 2: 9). Tämän kaiken ihanuuden hän antaa omille lapsilleen perinnöksi: *"Mutta jos olemme lapsia, olemme myös perillisiä, Jumalan perillisiä yhdessä Kristuksen kanssa; jos kerran kärsimme yhdessä Kristuksen kanssa, pääsemme myös osallisiksi samasta kirkkaudesta kuin hän"* (Room. 8:17). Etkö sinäkin Jumalan lapsena haluaisi päästä osalliseksi mittaamattoman suuresta perinnöstä. Tämä on mahdollista vain tulemalla Jumalan lapseksi. Maailmassa perinnön saaminen on kiinni perinnön antajan tahdosta, ellei ole kysymys lakiosasta, mutta Jumalan valtakunnassa on kysymys vain sinun tahdostasi. Anna elämäsi Herralle, niin sinä olet Jumalan lapsi ja perillinen.

Kun Jumala loi ihmisen, hän oli valmistanut maailman ihanaksi maaksi luoduilleen. Luonto kylpi silloin täydellisessä kauneudessaan kauniiden kukkien loistaessa mitä erilaisimmilla nupuillaan. Koko maa oli vihertävän maton peitossa solisevien purojen, jokien ja sinisten järvien loistaessa sen keskellä. Valtavat puut korottivat lehvistönsä kohti sinistä taivasta. Tämä oli mestaritaiteilijan käsityötä. Raamattu kertoo, että kun Jumala katsoi luomistyönsä päätteeksi kaikkea tekemäänsä, kaikki oli hyvää. Silloin sen täytyi olla täydellistä.

Jos ihminen olisi pysynyt kuuliaisena Jumalalle, tämä koko kauneus olisi ollut hänen keskellään kautta ikuisuuksien. Jumala rakasti luomaansa ihmistä niin mittaamattomalla rakkaudella, että hän halusi palauttaa hänet jälleen tuohon luomaansa paratiisiin. Hän ei kuitenkaan halunnut sinne enää tottelemattomia lapsia, vaan hän suunnitteli ja toteutti käsittämättömän ja yli kaiken viisauden yläpuolella olevan pelastussuunnitelman, joka perustuu uskoon Jeesuksen Kristukseen ja hänen vastaanottamiseen omana Vapahtajanaan. Tämä on mielestäni ainoa mahdollinen karsintatapahtuma, joka antaa todellisen ja pysyvän tuloksen. Se on jumalallinen viisauden huipentuma, jota me ihmiset ymmärrämme vain vajavaisesti. Se kirkastuu kuitenkin yhä enemmän ja enemmän, mitä lähemmäksi Jeesusta me pääsemme. Me tutkimme sen viisautta vielä taivaassa kautta ikuisuuksien.

Jos ihminen ei ota ylpeydessään ja syntisessä luonnossaan vastaan tätä Jumalan antamaa koko maailmankaikkeuden arvokkainta lahjaa Pojassaan Jeesuksessa Kristuksessa, hän on auttamattomasti tuomittu kadotukseen, iankaikkiseen eroon Jumalasta ja koko maailmankaikkeudesta. Raamattu esittää tämän hyvin selvästi ja vakuuttavasti: *"Joka sen uskoo ja saa kasteen, on pelastuva. Joka ei usko, se tuomitaan kadotukseen" (Mark. 16:16).*

Jos sinä olet valinnut Jeesuksen Herraksesi, voit vaikeimmissakin olosuhteissa saavuttaa sellaisen luonteen jalouden, mitä et olisi koskaan uskonut saavuttavasi. Jumala tulee auttamaan sinua sillä voimalla, mikä on hänelle mahdollista ja se on mittaamatonta. Sinun ajatuselämäsi ja vaikuttimesi muuttuvat. Pyhä Henki valaisee sinulle yhä enemmän elämän ikuisia arvoja ja totuuksia. Sinä pyrit Jumalan voimasta noudattamaan Jumalan tahtoa. Paavali kirjoittaa: *"Jumalalle, joka meissä vaikuttavalla voimallaan kykenee tekemään monin verroin enemmän kuin osaamme pyytää tai edes ajatella, olkoon ylistys seurakunnassa ja Kristuksessa Jeesuksessa kautta kaikkien sukupolvien, aina ja ikuisesti"* (Ef. 3: 20, 21).

Kun olin vuonna 1998 Etelä-Afrikassa, huomasin hyvin konkreettisesti, että ihmisellä ei ole tässä maailmassa mitään arvoa. Siellä tapetaan ihmisiä mitä vähäpätöisimmistäkin syistä. Kun minut ryöstettiin siellä puukolla uhaten ja vahingoitun siinä kahakassa niin, että jouduin turvautumaan sairaalahoitoon ranteeni murtuman takia. Pelästyin ja luulin silloin viimeisen hetkeni tulleen. Pelkäsin niin, että huusin sen enempää ajattelematta suomeksi: "Jeesuksen nimessä poistukaa!" Tunsin, että he saivat passikoteloni, jossa oli passini ja rahat. Yhtäkkiä ryöstäjät lähtivät karkuun ja juoksin lähimmälle mustien poliisiasemalle. Siellä huomasin ihmeekseni, että passikoteloni oli tallella passeineen ja rahoineen. Jeesus-nimessä on ihmeellinen voima. Kiitos Jumalalle! Ihmiset ympärillä eivät reagoineet tapahtumalle mitään. Poliisiasemallakin kehotettiin vain menemään sairaalaan. Tällaista on suhtautuminen väkivaltaan ja rikoksiin tässä lisääntyvän pahuuden maailmassa.

Jumalan silmissä ihmisen arvo on kuitenkin mittaamattoman suuri. Taivas tekee kaikkensa ihmisen pelastamiseksi. Jeesus esitti tästä asiasta monia puhuttelevia ja tunnettuja vertauksia. Kaiken huippuna on se, että Jeesus Kristus – koko maailmankaikkeuden kuningas, jota serafit ja kerubit sekä kaikki enkelit ja maailmankaikkeuden asukkaat ylistävät ja palvovat – tuli tähän pimeään maailmaan pelastamaan ihmistä.

Kun ajattelemme, kuinka korkea ja mahtava Jeesus on ja kuinka hän tuli maan päälle pelastamaan meidät synnin valtakunnasta taivaalliseen kotiin, kuinka hän alensi itsensä ja otti ihmisen muodon tai kuinka häntä kiusattiin, ruoskittiin ja lopulta ristiinnaulittiin, tuntekaamme itsemme nöyräksi Jeesuksen edessä. Hän olisi tullut yhdenkin ihmisen takia. Näin arvokas on ihminen taivaan silmissä. Tuntekaamme mekin siksi lähimmäisemme kaikissa tilanteissa arvokkaimmaksi olennoksi maan päällä. Ihminen ei voi pelastaa itse itseään, vaan siihen tarvitaan Jumalan Pojan kallisarvoinen veri. Se on meidän ainoa mahdollisuus. Raamattu sanoo: *"Kristuksen veressä meillä on lunastus, rikkomustemme anteeksianto. Näin Jumala on antanut armonsa rikkauden tulla runsaana osaksemme ja suonut meille kaikkea viisautta ja ymmärrystä"* (Ef. 1:7).

Evankeliumin kauneus tulee esiin erityisesti pienoisevankeliumissa: *"Jumala on rakastanut maailmaa niin paljon, että antoi ainoan Poikansa, jottei yksikään, joka häneen uskoo, joutuisi kadotukseen, vaan saisi iankaikkisen elämän"* (Joh. 3:16). Tässä pienoisevankeliumissa on koko evankeliumin ydinsanoma: Jumalan ääretön rakkaus langennutta ihmistä kohtaan. Jokainen, joka on vilpittömästi ja tosissaan vastaanottanut Jeesuksen omana Vapahtajanaan, ei voi olla tästä Jumalan äärettömästä rakkaudesta hiljaa. Näin tapahtuu jossain määrin myös maallisissa asioissa. Kun meitä on kohdannut jokin miellyttävä asia – vaikkapa rakastuminen, haluamme tietysti kertoa siitä ystävillemme. Jumalan Pojan vastaanottaminen ylittää kaikki rajat. Siitä ei voi vaieta. Sen vaikuttimena on Jumalasta lähtenyt rakkaus. Ihmiselle tulee hätä muista ihmisistä. Hän haluaa kertoa ja johtaa lähimmäisiään Kristuksen luo ja pelastukseen.

Maailmallisen ihmisen on kuitenkin vaikeaa vastaanottaa Jeesusta omaan elämäänsä, vaikka kuinka yrittäisimme vakuuttaa hänet Jumalan rakkaudesta. Siksi meidän täytyy ensin täyttää hänen fyysiset tarpeensa. Kun me täytämme hänen tarpeensa, hän näkee meissä jumalallisen rakkauden hedelmät. Tämä pehmittää hänen sydämensä ja hän haluaa oppia tuntemaan saman Jumalan. Tämä oli myös Jeesuksen menetelmä ihmisten johtamiseksi Jumalan luo. Hän onkin antanut tästä meille seuraavan ohjeen profeetta Jesajan kautta: *"Toisenlaista paastoa minä odotan: että vapautat syyttömät kahleista, irrotat ikeen hihnat ja vapautat sorretut, että murskaat kaikki ikeet, murrat leipää nälkäiselle, avaat kotisi kodittomalle, vaatetat alastoman, kun hänet näet, etkä karttele apua tarvitsevaa veljeäsi"* (Jes. 58: 6, 7). Raamattu sanookin: *"Usko ilman tekoja on kuollut"*. Todellisen uskon hedelmät näkyvät juuri teoissa.

Evankeliumin julistajilla ja tavallisilla uskovillakin on vaara ylpistyä tiedoistaan ja tehtävästään. Silloin täytyy muistaa, että tämä kaikki on Jumalan suurta armoa ja lahjaa, koska usko on lähtöisin Jumalasta. Meillä ei ole mitään osuutta siihen, ainoastaan se, että olemme vastaanottaneet Jumalan kutsun ja sekin on Pyhän Hengen työtä. Olkaamme siksi nöyriä Jumalan ja enkelien edessä. Jumala rakastaa jokaista ihmistä yhtä paljon, koska jokainen ihminen, olipa hän sitten millainen tahansa, on Jumalan luoma olento. Ehkäpä tähän sopivat Paavalin sanat korinttolaisille, jotka olivat mitä maailmallisimmassa ja siveettömimmässä tilassa. Paavali tunsi velvollisuutensa ja nöyryytensä siellä: *"Siinä, että julistan evankeliumia, ei ole mitään*

ylpeilemistä, sillä minun on pakko tehdä sitä. Voi minua, ellen evankeliumia julista!" (1. Kor. 9:16).
Jumala on antanut suuressa rakkaudessaan evankeliumin julistamisen ihmisten tehtäväksi. Hän olisi voinut antaa sen enkeliensä tehtäväksi, mutta hän halusi kasvattaa rakkauden periaatetta omissaan ja tehdä heidät näin taivaskelpoisiksi. Heidän etuoikeutenaan on näin kertoa maailmalle Jumalasta ja pelastuksesta, jotta he pääsisivät myös osallisiksi ihmisten pelastamisesta, joka on jalointa ja arvokkainta työtä, jota ihminen voi tehdä lähimmäistensä hyväksi. Jeesus antoi tämän tehtävän lähetyskäskyssään: *"Menkää siis ja tehkää kaikki kansat minun opetuslapsikseni: kastakaa heitä Isän ja Pojan ja Pyhän Hengen nimeen"* (Matt. 28:10).
Jumalan sana kertoo meille, että loppu on lähellä. Me elämme maailmanhistorian loppuvaiheita ja siksi paholaisella on kiire. Hän toimii täydellä tehollaan. Nyt jos koskaan maailmaa on varoitettava ja meidän on oltava Kristuksen työtovereita innokkaammin kuin koskaan ennen, koska varoituksen julistaminen on uskottu juuri meille kolmen enkelin sanoman vastaanottaneille. Meillä on kiireellinen tehtävä. Emmehän halua jättää lähimmäisiämme osattomaksi pelastuksen sanomasta. Meidän tulee olla täynnä rakkautta Jumalaa ja lähimmäisiämme kohtaan. Se edellyttää meiltä täydellistä kuuliaisuutta Jumalan armossa ja voimassa. Tällöin Jumalan enkelit auttavat meitä kaikissa tilanteissa, mutta vastuu työn suorittamisesta on meillä.
Esim. profeetallinen sana kertoo, että työ tullaan päättämään erityisesti kirjallisuustyön kautta. Siihen voimme osallistua muodossa tai toisessa. Voimme myydä ja lahjoittaa hengellistä kirjallisuutta. Ellen G White kirjoittaa kirjallisuustyöstä seuraavasti: "Tätä työ-

tä olisi tehtävä. Loppu on lähellä. Nyt on jo paljon ai-
kaa kulunut hukkaan, kun näiden kirjojen levittämi-
sen olisi jo pitänyt olla käynnissä. Myykää niitä kau-
kana ja lähellä. Levittäkää niitä kuin syksyn lehtiä.
Tämän työn tulee jatkua kenenkään estämättä. Sielut
hukkuvat ilman Kristusta. Varoitettakoon heitä hänen
pikaisesta tulostaan taivaan pilvissä" (Ajankohtainen
työ, sivu 27).

Jeesus sanoi: *"Nyt, kun vielä on päivä, meidän on*
tehtävä niitä tekoja, joita lähettäjäni meiltä odottaa.
Tulee yö, eikä silloin kukaan kykene tekemään työtä"
(Joh. 9:4). Nyt on vielä päivä, kohta tulee yö. Viimei-
set ajan merkit täyttyvät silmiemme edessä: Euroop-
pa yhdistyy, paavi on ryhtynyt ennen kokemattomiin
toimenpiteisiin sunnuntain korottamiseksi, spiritismi
saavuttaa huippunsa Marian ilmestyksissä ja merkit
kristittyjen tulevista vainoista ovat jo nähtävissä. Mei-
dän on aika herätä viimeiseen rynnistykseen. Voimme
vielä vähän aikaa julistaa kolmen enkelin sanomaa,
kohta se on vaikeata, ellei ylivoimaista. Työ päätetään
profeetallisen ilmoituksen mukaan salaman nopeudel-
la. Emmekö halua olla mukana täysipainoisesti viimei-
sessä Hengen vuodatuksessa? Se on mahdollista, jos
nyt valmistaudumme siihen.

Ajattelepa sitä valtavaa perintöä, jonka Jumala lah-
joittaa pelastetuilleen. Ajattelepa, että sinä olet saanut
olla mukana johtamassa ihmisiä pelastukseen. Ajat-
telepa sitä kiitollisuuden siunausta, minkä pelaste-
tut antavat niille, jotka ovat johtaneet ihmisiä pelas-
tukseen. Tuosta pelastettujen perinnöstä Jeesus ker-
too: *"Katso, Jumalan asuinsija ihmisten keskellä! Hän*
asuu heidän luonaan, ja heistä tulee hänen kansansa.
Jumala itse on heidän luonaan, ja hän pyyhkii heidän
silmistään joka ainoan kyyneleen. Kuolemaa ei enää
ole, ei murhetta, valitusta eikä vaivaa, sillä kaikki en-

tinen on kadonnut" (Ilm. 21: 3, 4). *"He seuraavat Karitsaa, minne hän meneekin"* (Ilm. 14:4). *"Me julistamme, niin kuin on kirjoitettu, mitä silmä ei ole nähnyt eikä korva kuullut, mitä ihminen ei ole voinut sydämessään aavistaa, minkä Jumala on valmistanut niille, jotka häntä rakastava."* (1. Kor. 2:9).

Tämän kaiken Jumala lupaa pelastetuilleen. Me saamme asua uudesti luodussa maassa Jeesuksen kanssa kautta ikuisuuksien. Voidaan ajatella, että tästä nykyisestä syntisestä maailmasta tulee Jumalan voimasta koko maailmankaikkeuden keskus, koska itse Jumala Jeesus Kristus asuu täällä. Me saamme seurata häntä koko maailmankaikkeudessa kertomassa Jeesuksen lunastustyöstä. Siihen eivät pysty ketkään muut kuin ne, jotka ovat voittaneet paholaisen Jeesuksen veren kautta. Voiko suurempaa ja arvokkaampaa perintöä kuvitellakaan? Sellaista ei ihmiskieli kykene kuvaamaan. Se on taivaallista ihanuutta. Etkö sinä halua tehdä kaikkesi saadaksesi tuon perinnön omaksesi? Siihen riittää vain Jeesuksen veri ja se annetaan uskon kautta jokaiselle hänet omaksi Vapahtajakseen tunnustavalle.

Näin äärettömän paljon on Jumala rakastanut meitä, että hän antaa meille mittaamattoman perinnön. Emmekö mekin halua osoittaa vastarakkautta ja antautua hänelle kokonaan sielujen pelastamiseksi. Se on todellista jumalallista rakkautta, sillä se kohdistuu Jumalaan ja lähimmäisiimme. Apostoli Johannes vakuuttaa: *"Me rakastamme, koska Jumala on ensin rakastanut meitä."* (1. Joh. 4:19).

Toivon, että tämä kirjoitukseni antaa sinulle innoitusta ja halua antaa elämäsi kokonaan Jumalalle ja Jumalan työhön. Tämä saattaa alussa tuntua vaikealta ja pelottavalta, koska joudutaan luopumaan entisistä haluista ja tekemisistä. Jumala on hoitanut tämänkin asian. Entiset halut ja tekemiset alkavat automaattisesti tuntua vastenmielisiltä ja uudet jalot ja ylevät asiat alkavat miellyttää. Tämän voin ilman muuta vahvistaa todeksi omasta kokemuksestani. Tietysti alkuvaiheessa joutuu taistelemaan, mutta taistelu voitetaan Jumalan armosta ja voimasta. Elämä ilman Jumalaa ei ole minkään arvoista ja se johtaa iankaikkiseen kadotukseen, kun taas elämä Jumalan yhteydessä johtaa yltäkylläiseen elämään jo tässä elämässä ja ennen kaikkea iankaikkisessa elämässä. Jeesus nimenomaan sanoi: *"Minä olen tullut antamaan elämän, yltäkylläisen elämän"* (Joh. 10:10).

Ruokavalioni

Kun vielä ennen uskoontuloani liikuin okkultismin lumoissa, aloin siellä myös suosia itämaisista vaikutteista kasvisravintoa, tosin väärällä tavalla. Minulle tuli nimittäin aluksi heikkouskohtauksia, kun en syönyt tarpeeksi valkuaista, ja myös siksi, että keho vaatii aikaa ruokatottumuksien muutokseen. Kun sitten tulin uskoon, niin kasvisravinnon suositus löytyi myös Raamatusta ja se vahvisti uskoani siihen.

Jumala on antanut sanassaan Raamatussa omalle kansalleen terveysohjeita, joista vasta nykyajan tiede on päässyt samaan tulokseen. Näiden terveysohjeiden tarkoituksena on antaa ihmisille hyvä ja terve elämä, niin että he eläisivät pitkän elämän ilman erilaisia sairauksia. Valitettavasti vielä nykyään laiminlyödään näitä terveysohjeita ja ihmiset sairastuvat ja kuolevat ennen aikojaan. Tosin nyky-yhteiskunnassa on muitakin teknisen kehityksen tuomia sairauksien syitä, joita tavallisella ihmisellä ei ole mahdollisuuksia välttää. Hän voi kuitenkin parantaa ratkaisevasti omaa terveyttään noudattamalla Jumalan antamia terveysohjeita.

Kun insinööri suunnittelee jonkin koneen, hän antaa käyttöohjeissa tarkat tiedot koneessa käytettävästä öljystä ja polttoaineesta. Tällä hän takaa koneen moitteettoman toiminnan ja pitkän kestoiän. Huolellinen koneen omistaja seuraa sitten tarkalleen näitä ohjeita saadakseen kaiken hyödyn koneesta. Näin on myös Jumala toiminut. Hän suunnitteli ja loi ihmisen omaksi kuvakseen, joka sitten valitettavasti turmeltui syntiinlankeemuksessa. Hän halusi kuitenkin säästää turmeltunutta ihmistä erilaisilta sairauksilta ja antoi hänelle käyttöohjeet terveeseen elämään. Eli Jumala, joka on suunnitellut ihmisen, tietää parhaiten hänen henkisen ja fysiologisen olemuksen ja näin pystyy antamaan parhaimmat ohjeet sen toiminnan varmistamiseksi.

Jumala on antanut eläimille vaiston, joka ohjaa niitä syömään niille sopivaa ravintoa. Sen sijaan Jumala on antanut ihmiselle vapaan tahdon valita ravintonsa Jumalan ohjeiden mukaan, jotka löytyvät Raamatusta. Aikamme tappavat taudit johtuvat suurelta osin siitä, ettemme välitä Jumalan ohjeista vaan syömme vääränlaista ravintoa.

Ensimmäinen ja paras ruokavalio, joka ihmiselle annettiin luomisen jälkeen, oli kasvisravinto, joka kasvaa maan yläpuolella eli hedelmät, pähkinät, vilja (1. Moos. 1:29). Syntiinlankeemuksen jälkeen olosuhteet maan päällä muuttuivat ja ihmiselle annettiin toiseksi paras ruokavalio, joka oli vihannekset (1. Moos. 3:17, 18). Vedenpaisumuksen jälkeen olosuhteet maan päällä muuttuivat täysin. Maapallo oli sitä ennen ollut tasalämpöinen ilmakehän yläpuolella olleen vesikerroksen takia, joka vedenpaisumuksessa tuli alas. Koko maapallo kylmeni navoiltaan ja ilmasto muuttui ratkaisevasti. Maan pinta muuttui vedenpaisumuksen seurauksena täysin. Silloin syntyivät suuret valtameret ja korkeat vuoret. Ravinnon saanti vaikeutui, jonka johdosta Jumala salli ihmisille ravinnoksi myös eläinten lihan syönnin (1. Moos. 9:3).

Autiomaavaelluksen aikana Jumala sitten antoi tarkat ohjeet eläimistä, jotka olivat syötäviä (5. Moos.

14:2–6). Pääsääntö syötäville nisäkkäille oli, että niillä on sorkat ja että ne märehtivät. Jumala antoi myös luettelon eläimistä, joiden lihaa ei saanut syödä (5. Moos. 14:7, 8) sekä luettelon syötävistä ja kielletyistä linnuista (5. Moos. 14:11). Vesieläimistä Jumala antoi ohjeeksi syödä vain vesieläimiä, joilla on evät ja suomut (5. Moos. 14:9, 10). Sitä vastoin ehdottomasti kiellettyä on syödä sianlihaa (3. Moos. 11:7). Ehdottomasti oli myös kielletty rasvan ja veren syönti (3. Moos. 3:17).

Kielto syödä sianlihaa ja muiden kiellettyjen eläinten lihaa ei koskenut ainoastaan juutalaisia, niin kuin usein väitetään, koska kielto on voimassa myös Jeesuksen takaisin tullessa (Jes. 66:15–17). Sianliha on nykyisin yleisesti käytetty liharuoka. Sitä on sekoitettu kaiken lisäksi moniin ruokalajeihin ja varsinkin makkaroihin. Uskon, että juuri sianlihan syönti on yksi tärkein tekijä sydän- ja verisuonitauteihin sekä syöpään, joihin kuolee nykyaikana moni ihminen ennen aikojaan. Siat ovat jätteiden syöjiä niin kuin ravut, mateet ja monet muut raadonsyöjät, joihin ne on tarkoitettukin eikä ihmisravinnoksi. Usein vedotaan joihinkin Uuden testamentin teksteihin ja sanotaan kaikkien ruokien olevan syötäviä. Tämä on totta, mutta ne on ymmärrettävä oikein niiden tekstiyhteyden perusteella. Niillä tarkoitetaan nimenomaan Jumalan salliman lihan syöntiä.

Jumala on antanut profeetallisen ilmoituksen mukaan tietoa, että viimeisinä aikoina kaikki liha tulee syömäkelvottomaksi erilaisten eläimissä olevien sairauksien ja muiden syiden takia ja olisi mahdollisuuksien mukaan siirryttävä kasvisruokiin. Tosin niissäkin on jo paljon myrkkyjä johtuen saastumisesta, mutta kuitenkin paljon vähemmän kuin eläimissä ravintoketjun päänä. Tietysti sairaudet johtuvat myös monista muista syistä, mutta ravinto on pääasiallisin syy.

Jos ei pysty jättämään lihaa, olisi Jumalan tahdon mukaista syödä vain sallittua lihaa.

Kasvisravintoa suositellaan profeetallisen sanan ja ravitsemustiedon kautta lopun aikana mm. seuraavista syistä:

- Nisäkkäissä, kaloissa ja linnuissa on nykyisin paljon sairauksia.
- Eläimille syötetään sopimatonta ruokaa, kuten esim. lehmille aiemmin luujauhoa maidon tuottamiseksi.
- Eläimet lihotetaan keinotekoisesti myyntiä varten, jolloin lihassa on ylimääräistä siihen kuulumatonta ainetta.
- Eläimet kasvatetaan ahtaissa häkeissä, jolloin niihin kerääntyy erilaisia haitallisia aineita.
- Eläimille syötetään antibiootteja, jotka turmelevat lihan ominaisuudet.
- Eläimet kuljetetaan ja teurastetaan väärin, jolloin niihin kerääntyy virtsa-aineita.
- Eläimet ovat saastuneita erilaisista teollisuusmyrkyistä.
- Eläinten sisäelimiin kertyvät eniten erilaiset myrkyt.
- Eläimissä ravintoketjun päänä on enemmän saasteita kuin kasviksissa

Voista ja maidosta puhutaan kautta Vanhan testamentin niin kunnioittavaan sävyyn, että niitä käsiteltiin juhlaruokina. Niitä ei ylensyöty. Voirasvan käytöstä ei ollut haittavaikutuksia. Tosin nykyisin, kun eläimissä on paljon sairauksia, maitotuotteet eivät ole entisenlaisia. Itse olen lopettanut maitotuotteiden syönnin. Toinen erittäin arvostettu rasvatuote oli oliiviöljy, jota käytettiin ravintona leipomiseen ja lisänä eri ruokalajeissa (Hes. 16:13). Raamattu kertoo myös hunajasta, mutta sitä piti syödä kohtuullisesti (Sananl.

25:16,27). Raamattu varoittaa myös väkijuomien käytöstä (Sananl. 23:31–35). Jotkut ihmiset elävät kuitenkin pitkään ja terveinä välittämättä näistä Raamatun terveysohjeista, koska he ovat fysiologiltaan vahvoja, mutta näin ei ole kaikilla. Siksi on turvallista oman etunsa vuoksi noudattaa Raamatun ohjeita.

Raamatussa on myös puhtauteen, siisteyteen, liikuntaan, auringonvaloon, vedenkäyttöön, mielenterveyteen, työntekoon ja moniin muihin asioihin liittyviä terveysohjeita, jotka ovat vasta nykyaikana valjenneet ihmisille teknillisen kehitys- ja tutkimustyön tuloksena.

Eräässä elämäni vaiheessa totesin painoni nousevan uhkaavasti. Silloin jätin valkoisen viljan ja sokerituotteet pois ruokavaliostani ja painoni alkoi vähitellen laskea ja pysähtyi normaalipainoon.

Valkoisesta jauhosta puuttuu jyvän kuoriaines, sen alla oleva vitamiinipitoisin osa ja alkio. Tarkoissa tutkimuksissa on havaittu, että kun vehnäjyvä kuoritaan, se menettää noin 93 % B1-vitamiinipitoisuudestaan. Lisäksi valkoisesta leivästä puuttuu enemmän kuin puolet muista B-ryhmän vitamiineista. Mitä merkitsee syödä vain valkoisia viljatuotteita sokerin kanssa? Siitä on seurauksena puutostauteja. Ihmiset syövät, lihovat ja näyttävät voivan hyvin, mutta sairastuvat vähitellen.

Sokeri on todettu kalkin ryövääjäksi ja hammasmädän aiheuttajaksi. On havaittu, että sokeri kuluttaa myös B-ryhmän vitamiineja. Runsaasti sokeria käyttävän elimistö kärsii jatkuvaa B-vitamiinin puutetta, joka aiheuttaa häiriöitä hermostossa ja aivoissa ja elimistön proteiinitasapainossa. Se heikentää valkoisten verisolujen kykyä torjua elimistöön tunkeutuvia mikrobeja ja näin alentaa elimistön vastustuskykyä erilaisia tartuntatauteja vastaan. Sokerin on todettu muiden tekijöiden ohella erääksi sydän- ja verisuonitautien aiheuttajaksi. Sydäninfarktiin sairastuneet syövät yleensä paljon enemmän sokeria kuin terveet. Yleensä on tunnettua, että runsas sokerin käyttö aiheuttaa rasvatautia eli liikalihavuutta, joka puolestaan lisää muiden sairauksien alttiutta.

Uskon, että monipuolinen kasvisravinto silloin tällöin kananmunalla ja kalalla täydennettynä on pitänyt terveyteni hyvänä tähän asti. Uskon myös, että Jumalan luomassa kasvisravinnossa ovat vitamiinit ja kivennäisaineet oikeassa suhteessa ja muodossa ihmiskeholle. On vain huolehdittava B12- ja D-vitamiinin saannista. Minulla todettiin eräässä vaiheessa B12-vitamiinin puutos, kun se aiheutti oireita. En käytä mitään jatkuvia ja säännöllisiä lääkkeitä eikä minulla ole ollut mitään vakavampia sairauksia. Verenpaineeni ja kolesteroliarvoni ovat normaalit. Ennen kasvisravintoon siirtymistäni verenpaineeni oli koholla ja lääkäri kehotti seuraamaan sitä.

Haluan vielä lopuksi tuoda yhden ja kaikkein tärkeimmän asian esille ja se on luottamus Jumalaan. Omasta kokemuksestani voin sanoa, että usko ja luottamus Jumalaan ovat antaneet minulle rauhan ja tarkoituksen tässä elämässä. Elämä ei enää tunnu tyhjänpäiväiseltä ja merkityksettömältä. Se antaa näin eläkeiässäkin päämäärän, joka johtaa elämän ymmärtämiseen Jumalan lahjana. Kun on tarkoitus ja toimintaa Jumalan kunniaksi, niin elinvoima ja mielekkyys säilyvät ja näin sairaudetkin kaikkien tietojen mukaan pitäisi pysyä paremmin poissa. Uskon myös, että Jumala pitää hänelle antautuneen ihmisen elämää yllä omaksi kunniakseen: *"Syöttepä siis tai juotte tai teettepä mitä tahansa, tehkää kaikki Jumalan kunniaksi"* (1. Kor. 10:31).

Evankeliointi- työni

Evankeliointityöni aloitin seurakuntaan liittymisen jälkeen jakamalla Kirjeellisen Raamattuopiston mainoskortteja postiluukkuihin. Se on helppoa työtä, kun vain on hyvä kunto. Sitä olen jatkanut silloin tällöin aina tähän päivään asti. Siitä saa kaksinkertaisen hyödyn: hyvän kunnon ja mielen.

Sympatia-keräys ovelta ovelle on ollut myös melkein jokavuotinen lähetystyömuoto, koska sillä tavoin olen voinut antaa panokseni myös vähävaraisten hyväksi. Sympatia-työ on varojen keräämistä, josta 50 % menee kotimaahan ja 50 % kehitysmaihin kasvatus-, nuoriso-, raittius-, lääkintä- ja sosiaaliseen työhön. Myönnän, että lähteminen on aina vaikeata, mutta keräyksen jälkeen tulee hyvä mieli ja kiitollisuus kokemuksista.

Vuoden 1980 vaiheilla sisätautiopin dosentti Matti Miettinen laati Koko ihminen terveeksi–c-kasettisarjan, jota kävimme ovilla tarjoamassa yksitellen ihmisille kuunneltaviksi. Sarjassa oli 20 kasettia. Kävimme sitten kasetin ottaneiden luona kysymässä heidän mielipidettään siitä ja tarjoamassa seuraavaa kasettia. Tämä työmuoto tuntui aika työläältä ja se sitten tyrehtyi tällaisena ovelta ovelle -työmuotona.

Vuonna 1984 pidin työtoverini kanssa kodissani

toimintaryhmän pastori Monierin opetusmateriaalin pohjalta seurakunnan jäsenten kanssa. Saman ohjelman toistaminen alkoi vähitellen kyllästyttää. Jonkin ajan kuluttua saimme erään ulkopuolisen mukaan ja se antoi intoa jatkaa ryhmäämme.

Vuonna 1985 pidin erään työtoverini kanssa pastori Vilho Makkosen laatiman diasarjan Parempi vaihtoehto, jossa oli sekä terveys- että hengellinen aihe. Tilaisuuksia oli 25. Sarja oli erittäin hyvä, mutta sitä oli työlästä pitää suuren diakuvamäärän ja äänikasettien ja niiden yhteensovittamisen takia. Nyt olenkin laatinut tämän sarjan tietokoneelle, jolloin ohjelma käynnistyy yhdellä napin painalluksella.

Tämän jälkeen innostuin pitämään Ilmestyskirja -seminaareja. Tämä johtui siitä, kun amerikkalainen pastori Mark Finley piti Kallioniemessä oppitunnin seminaarista ja sen pitämisestä. Innostuin tästä seminaarista, koska olin kiinnostunut Raamatun profetioista. Seminaarissa on 24 opintovihkoa. Teimme työtoverini kanssa järjestelyn, että pidimme kaksi opintovihkoa illassa kerran viikossa. Toinen meistä johti toisen ja toinen toisen vihon. Näin seminaari ei kestänyt kauan ja eikä käynyt meille ansiotyössäkävijöille liian raskaaksi eikä myöskään kuulijoille, vaikka seminaarissa oli paljon asiaa. Näin sarjassa oli kokouksia yhteensä 13. Kokouspaikaksi valitsimme yleensä koulun luokkahuoneen. Seminaarin osallistujamäärä on ollut keskimäärin 10.

On innostavaa todeta kuinka monille ovat avautuneet Raamatun totuudet ja he ovat sen jälkeen seuranneet Jeesusta antaumuksellisesti. Eräskin oppilas sanoi, että tässä seminaarissa kaikki loksahti yhtäkkiä paikalleen ja sana avautui ihmeellisesti. Erityisesti sapatin tajuaminen on näkynyt kokouksen aikana koko oppilaan olemuksesta. Seminaareissa oli jännitystä, murhetta ja iloa. Joka kokouksessa oli jännitystä siitä, tulevatko kaikki oppilaat paikalle. Murhetta taas siitä, jos joku oppilaista lopetti seminaarin. Kaikkein jännittävintä seminaarissa oli kuitenkin seurata sitä, tekeekö oppilas ratkaisun Jeesuksen puoleen ja meneekö hän kasteelle. Se oli suurinta iloa. Tällaiset kokemukset antoivat tyydytyksen ja innostuksen jatkamaan Ilmestyskirjaseminaareja. Pyhän Hengen toiminta on tuntunut ja näkynyt seminaareissa. Erityisesti olen tuntenut sen omalla kohdallani. Tällaisesta vakavasta ja hiljaisesta pojasta on tullut yhtäkkiä elävä ja puhelias alkujännityksen jälkeen. Raamatun jakeetkin muistuvat mieleen hetkessä. Kiitos Herralle!

Näitä Ilmestyskirja -seminaareja olen pitänyt vuosina 1986–2009 yhteensä 29, joista Hangossa, Karjaalla ja Kirkkonummella yksin sekä Espoossa, Helsingissä, Kirkkonummella ja Loviisassa työtoverin kanssa. Tuusulassa olin erään seurakunnan jäsenen pitämässä Ilmestyskirja -seminaarissa toisena opettajana. Joissakin Ilmestyskirja -seminaareissa olen ollut myös osittain mukana. Pitämissäni kokoussarjoissa on seurakuntaan liittynyt kasteen kautta tai ennen kastettuna noin 30 henkilöä. Monet ovat kuitenkin kuulleet sanomamme ja oppineet tuntemaan Jeesuksen paremmin. Eräskin kutsumani ystävä kävi seminaarin, mutta ei ole tehnyt toistaiseksi kasteratkaisua. Hän on kuitenkin kertonut, että seminaarissa hän sai kiinnostuksen Raamatun asioihin ja nyt hän tutkii niitä innolla. Näin on varmaan monien muidenkin kohdalla, mikä johtaa uskonratkaisuun jossain vaiheessa.

Ilmestyskirja -seminaari on ollut tuloksellisin evankelioimismuoto seurakunnan tukeman mainostuksen ansiosta. Aineisto on myös hyvä, koska siinä tuodaan hyvin esille Raamatun pelastustotuudet ja tärkeimmät profetiat. Lisäksi jokainen kuulija on saanut omat opintovihot.

Vuonna 1992 olin mukana seurakuntamme pastorin ja hänen vaimonsa pitämässä viikon kestäneessä jokailtaisessa kokoussarjassa Rakveressä Virossa. Kokoussarja tapahtui Steiner-koulussa. Asuimme erään Rakveren seurakunnan jäsenen kotona. Pastorimme vaimo luennoi terveysaiheesta ja jakoi maistiaisia sekä antoi ruokaohjeita. Ruokatavarat ostimme Rakveren torilta. Me muut julistimme hengellistä sanomaa. Päätöstilaisuudessa arvoimme kymmenen vironkielistä Suurta taistelua. Olimme rukoilleet, että kirjat osuisivat uskollisimmille kuuntelijoille. Näin sitten tapahtui monin kohdin, esim. Steiner-koulun johtaja voitti arvonnassa kirjan. Totesimme, että tilaisuuksissa kävi paljon nuorta väkeä ja kävijämäärä kasvoi koko ajan loppua kohden. Päätöstilaisuudessa yhdeksän henkilöä ilmoitti haluavansa antaa elämänsä Herralle ja haluavansa kasteen kautta liittyä seurakuntaan. Lopputuloksena kokoussarjan annista oli, että kaikkiaan 15 henkilöä kastettiin seurakunnan yhteyteen.

Sapattina jumalanpalveluksessa meistä kukin piti puheenvuoron. Minä kerroin Ilmestyskirja -seminaareista. Vapaa-aikana tutustuimme Rakveren nähtävyyksiin ja Tarton adventtikirkkoon sekä kiertelimme katselemassa Viroa. Olimme matkalla minun autollani, jossa oli pieni lommo. Kokoussarjamme järjestäjä korjasi ja maalautti lommon. Ystävällistä palvelua.

Pastorimme kertoi myöhemmin, että kun he vaimonsa kanssa pitivät kasvisruokakurssin Haapsalussa, osallistujia oli niin paljon, että he joutuivat pitämään kaksi tilaisuutta samana päivänä. Ruoka-aineita tarvittiin niin paljon, että niitä oli vaikea saada paikallisista kaupoista. Sitten tapahtui ihme. Eräs mies toi hevoskärryllä erilaisia ruokatavaroita ja sitten hän poistui. Kukaan ei tiennyt, kuka tämä mies oli. Heistä tuntui, että hän oli Jumalan enkeli. Tällaisia ihmeitä tapahtuu Herran työssä tarvittaessa.

Yritin tehdä myös vapaa-aikana kirjallisuustyötä myymällä seurakuntamme julkaisemia kirjoja ja lehtiä. Usein kesäisin kiertelin Suomea autolla ja asuntovaunulla ja pystytin myyntipisteen toreille tai vastaaville paikoille. Loppujen lopuksi myynti oli aika heikkoa, koska en ole mikään myyntitykki. Paras kokemukseni oli Hakaniemen torilla, jossa yhdessä erään seurakuntamme jäsenen kanssa saimme kirjasarjojakin myydyksi.

Vuonna 1995 teimme talven aikana kokouspaikkamme vieressä hengellisen mielipidetiedustelun ovelta ovelle. Jokaiselle vastaajalle tarjosimme kirjan Suuri taistelu taskupainosta ja monet ottivat sen mielellään. Kävimme sitten myöhemmin kysymässä heidän mielipidettään kirjasta. Näin etsimme hengellisistä asioista kiinnostuneita henkilöitä, joita sitten voisimme auttaa Jeesuksen luo. Työ ei kuitenkaan johtanut läheisempään kanssakäymiseen, joten se tyrehtyi vain kokeiluun, vaikka kävimme myöhemmin kysymässä heidän mielipidettään kirjasta. Se antoi meille kuitenkin tietoa ihmisten hengellisten asioiden tuntemisesta. Kyselyyn vastanneita oli kaikkiaan 69 ja vastaukset jakaantuivat seuraavasti:

Kysymys	Kyllä	Ei	Ei kantaa
Onko mielestänne Jumalaa olemassa?	61	4	4
Onko elämää kuoleman jälkeen?	48	5	16
Tuleeko Kristus takaisin?	26	11	32
Ymmärrättekö mielestänne Raamattua?	51	9	9
Kuka Jeesus on käsityksenne mukaan? Jumalan Poika (46), Profeetta (16), Ihmisen Vapahtaja (23), En tiedä varmasti (10) ja Luoja (10). Suluissa on vastausten määrä.			

Vuonna 2006 pidin yksin Daniel-seminaarin Kulmakivessä ja vuoden 2009 syksyllä pidin työtoverini kanssa tekemäni Danielin kirjan tutkistelusarjan PowerPointohjelmalla (12 kertaa) Soukan palvelutalossa ja jatkona vuonna 2010 vastaavanlaisen Ilmestyskirjan tutkistelusarjan kotonani (22 kertaa) sekä vuonna 2012 Danielin kirjan tutkistelusarjan venäjänkielisille henkilöille erään sisaren kotona hänen toimiessa tulkkina.

1990-luvun loppupuolella aloin tehdä omia radio-ohjelmia erään seurakuntalaisen innoittamana ja pääosin kustantamana Helsingin Lähiradiossa 100,3 MHz sunnuntaisin klo 9. Ohjelmissa olen soittanut pastoreittemme tekemiä puhekasettisarjoja ja myös erään sisaren kanssa yhteisesti tekemäämme Danielin kirjan ja Ilmestyskirjan tutkistelusarjaa. Mainostimme puskaradiossa. Myöhemmin radio-ohjelmien vastuu ja kustannukset siirtyivät sitten kokonaan tämän sisaren ja minun vastuulleni. Kun on tehnyt ohjelmat valmiiksi CD-levyille, ei tarvitse muuta kuin antaa niiden pyöriä uudelleen ja uudelleen.

Vuoden 2010 alussa julkaisin omat kotisivuni, joihin kokosin omia ja vähän muidenkin kirjoituksia, PowerPoint-ohjelmia sekä radio-ohjelmia. Kotisivujeni markkinointi on tapahtunut radio-ohjelmien ja puskaradion kautta ja sivuillani on käyty tuhansia kertoja kotisivukoneen laskurin mukaan. Eri asia on pitääkö se paikkansa. Tuntuu siltä, että nettievankeliointi on nykyaikaa ja tuloksellista. Kun on valmistanut sivut, ei tarvitse muuta kuin ylläpitää niitä. Kotisivujeni osoite on www.sananmiekka.fi.

Kerron vielä erään kokemuksen siitä, kuinka tärkeä evankeliointi on. Jos on sovittu jokin evankeliointitehtävä, mikään ei saa estää sovittua tehtävää, jos suinkin on mahdollista. Eräs seurakuntamme pastori oli järjestänyt telttakokoukset Kaivopuistossa. Olin sopinut evankeliointiteltan noutamisesta ja pystyttämisestä, koska minulla oli sen kuljettamiseen tarvittava ajokortti ja kokemusta teltan pystyttämisestä. Samana aamuna, kun tämä tehtävä alkoi, minulle soitettiin sairaalasta, että äitini on kuollut. Menin nopeasti sairaalaan toteamaan tilanteen ja sen jälkeen kiiruhdin hakemaan telttaa ja pystyttämään sitä muiden kanssa. En voinut sairaalassa enää tehdä mitään. Koko päivän oli tämä tapahtuma mielessä ja itku silmissä. Ymmärrän, että Jumala salli tämän tapahtua samana päivänä kertoakseen evankelioinnin tärkeydestä ennen omia asioitani. Siksi en tunne omantunnon syytöstä menettelystäni.

Evankeliointi on jaloita ja arvokkainta työtä, mitä ihminen voi tehdä, koska se johtaa ihmisiä hyvään elämään jo tässä elämässä ja ennen kaikkea pelastukseen eli iankaikkiseen elämään Jumalan valtakunnassa. Lisäksi evankeliointi antaa rauhan ja hyvän olon tunteen siitä, ettei elämä ole mennyt hukkaan, koska tässä työssä saamme olla mukana Jumalan työtovereina ja kulkea näin Jeesuksen jalanjäljissä lähimmäistemme ja koko ihmiskunnan hyväksi tässä maailmassa. Kun ikääkin tulee, elämä ei tunnu merkityksettömältä, koska sille on päämäärä ja tarkoitus. On erilaisia evankelioimismuotoja, joita voi tehdä voimiensa mukaan ja rukoilla voi elämänsä loppuun asti. Jumala on antanut suuressa rakkaudessaan tämän tehtävän ihmisille, jotta me saisimme olla mukana Jumalan pelastussuunnitelmassa ja jotta luonteemme kasvaisi näin taivaskelpoiseksi. Jeesus sanoi: *"Menkää siis ja tehkää kaikki kansat minun opetuslapsikseni: kastakaa heitä Isän ja Pojan ja Pyhän Hengen nimeen ja opettakaa heitä noudattamaan kaikkea, mitä minä olen käskenyt teidän noudattaa. Ja katso, minä olen teidän kanssanne kaikki päivät maailman loppuun asti"* (Matt.28:19, 20).

Olen tässä kirjoittanut paljon evankelioimistoiminnastani ja siksi lisään vielä pari raamatunjaetta, ettei tule väärinkäsityksiä." *Sillä armosta te olette pelastetut uskon kautta, ette itsenne kautta – se on Jumalan lahja – ette tekojen kautta, ettei kukaan kerskaisi* (Ef. 2:8). Toisaalta *"Mutta etkö sinä tyhjänpäiväinen ihminen tahdo tietää, että ilman tekoja usko on hyödytön?* (Jaak. 2:29). Pelastus ei siten riipu teoistamme, vaan se on Jumalan armoa ja tapahtuu uskon kautta. Todellinen usko johtaa kuitenkin automaattisesti rakkauden tekoihin. Jumala pelasti minut vihollisen valtakunnasta Jumalan valtakuntaan ja siksi haluan tehdä tätä työtä, jotta mahdollisimman moni ihminen ymmärtäisi ottaa vastaan Jeesuksen elämänsä Herraksi. Tämä työ ei ole raskasta vaan päinvastoin kevyttä ja innostavaa, kun se tulee sydämestä. Jumala antaa siihen halua, voimaa ja Pyhän Hengen avuksi. Näin olen todennut kohdallani.

Vankilatyöni

Vankilatyötä aloin tehdä 2000-luvun alussa. Jeesus arvostaa vankilatyötä kertoessaan viimeisestä tuomiosta. *"Minä olin alasti, ja te vaatetitte minut. Minä olin sairas, ja te kävitte minua katsomassa. Minä olin* vankilassa, *ja te tulitte minun luokseni.' "Silloin vanhurskaat vastaavat hänelle: 'Herra, milloin me näimme sinut nälissäsi ja annoimme sinulle ruokaa, tai janoissasi ja annoimme sinulle juotavaa? . Milloin me näimme sinut kodittomana ja otimme sinut luoksemme, tai alasti ja vaatetimme sinut? Milloin me näimme sinut sairaana tai* vankilassa *ja kävimme sinun luonasi?' Kuningas vastaa heille: 'Totisesti: kaiken, minkä te olette tehneet yhdelle näistä vähäisimmistä veljistäni, sen te olette tehneet minulle"*(Matt. 25:36–40).

Kerron erään kokemuksen. Eräs tuntemani mies oli vankilassa. Hän oli muiden vankien kanssa ulkoilemassa vankilan pihalla. Siellä oli myös vankilan johtaja ja vanginvartijoita. Mies sanoi vankilan johtajalle: "Jeesuksen veri puhdistaa kaikesta synnistä". Vankilan johtaja ei ollut kuulevinaan. Mies toisti jatkuvasti lausettaan: "Jeesuksen veri puhdistaa kaikesta synnistä – Jeesuksen veri puhdistaa kaikesta synnistä". Lopulta vankilan johtaja kiusaantui miehen sanoista ja sanoi vanginvartijoilleen: "Viekää tuo mies pois täältä uskovien joukkoon".

Tämä oli vain uni, jonka näin adventtikirkon vankilapäivillä. Minä olin unessa tuo mies ja vankilan johtaja oli itse lusifer. Paholainen ei voinut sietää Jeesuksen nimeä ja veren pelastavaa evankeliumia. Hän halusi päästä eroon kiusallisesta vangista ja ajoi hänet takaisin Jumalan lasten joukkoon.

Ehkäpä tämä uni oli Jumalalta, koska näin sen juuri vankilapäivillä ja siksi se on jäänyt mieleeni ja kannustanut minua myös vankilatyöhön. Mielestäni tällä unella on syvällinen merkitys synnin vankeudessa eläville ihmisille ja erityisesti vangeille. Vangit ja kaikki ihmiset tarvitsevat todella veren pelastavaa evankeliumia. Raamattu nimittäin sanoo mielestäni tämän kaikkein suurimman pelastustotuuden: *"Jeesuksen, hänen Poikansa, veri puhdistaa meidät kaikesta synnistä"* (1. Joh. 1:7).

Adventtiseurakunnalla on ollut mahdollisuus pitää hartaustilaisuuksia Katajannokan ja Sörkan vankilassa sekä viimeksi Vantaan vankilassa. Vankilatyömme uranuurtajan pääkaupunkiseudulla siirtyessä syrjään on vankilatyötä johtanut eräs seurakuntamme jäsen. Vakioryhmässämme on ollut keskimäärin neljä henkilöä. Tilaisuus on alkanut johtajan alustuksella, josta olemme sitten keskustelleet. Olemme myös jokainen todistaneet lyhyesti ja välissä aina laulaneet. Eräs ryhmämme jäsen on toiminut lauluevankelistana. Lopuksi olemme sitten rukoilleet yhdessä ja henkilökohtaisesti vankien kanssa. Tilaisuuksissamme on ollut yleensä alle kymmenen vankia vartijoineen, koska vangit tulevat aina samalta osastolta. Jotkut meistä ovat käyneet myös tapaamassa vankeja henkilökohtaisesti.

Kun aloitin vankilatyön, en ollut erityisen innostunut siitä, koska tunsin puutteeni tässä työssä ja ehkäpä vankilamiljöö hiukan pelotti. Minut saatiin kuitenkin houkuteltua mukaan ja innostus on kasvanut kokemuksien kera. Vangit ovat suhtautuneet meitä kohtaan hyvin ystävällisesti ja vieraanvaraisesti. He ovat halukkaasti kuunnelleet Jumalan sanaa ja mielellään tavanneet meitä samoin ajattelevia vankilalähettejä. Täällä he voivat vapaasti keskustella hengellisistä asioista, mikä ei ole vankilassa aina mahdollista. Erityisesti olemme melkein aina poistuessamme vankilasta tunteneet suurta iloa siitä, että käyntimme on tuottanut vangeille toivoa paremmasta elämästä ja uskoa Raamattuun ja Jeesukseen pelastajana.

Me vankilalähetit haluamme auttaa vankeja löytämään uuden elämän Jeesuksen yhteydessä. Hän on meidän todellinen auttajamme. On vain surullista, että me kaikki seurakuntamme vankilalähetit täällä pääkaupunkiseudulla olemme olleet vanhempia henkilöitä ja vangit taas paljon nuorempia. Nuorempien pitäisi innostua tähän työhön. Vangit varmaan kaipaavat tavata ikäistensä seuraa. He etsivät parempaa elämää ja tulevat mielellään tapaamaan samanmielisiä muurien ulkopuolisia ihmisiä. Toisaalta joskus vanhempi ihminen on jonkinlainen turva ja auktoriteetti nuorelle vangille. Tämän huomasin erityisesti kerran keskustellessani ja rukoillessani erään nuoren vangin kanssa. Hän osoitti luottavaista ja antautuvaista asennetta minua kohtaan. Olin hyvin liikuttunut. Tunsin voimakkaasti Pyhän hengen läsnäoloa, kun hän halusi löytää Jeesuksen ja muutosta elämäänsä.

Oman huomioni mukaan vankiloissa on Jumalaa etsiviä ja elämäänsä muutosta hakevia vankeja, joille on vietävä myös pelastusta Jeesuksessa. Monet vangit ovat jostain syystä nuoruutensa olosuhteiden ja erehdysten kautta joutuneet vankilaan. Me emme saa adventisteina jättää heitä syrjään, vaan meidän on huomioitava myös heidät työmme kohteena. Me olemme myös heistä vastuussa Jumalalle. Vankilatyö on siunauksellista ja arvokasta lähetystyötä. Kerron kokemuksen, kun hartaustilaisuuteemme Vantaan vankilassa tuli musta mies. Kerroimme hänelle evankeliumin perusasioita englannin kielellä, koska otaksuimme hänen olevan tavallinen kadun mies. Jonkin ajan kuluttua sitten selvisi, että hän oli tämä Porvoossa asunut ruandalainen baptistipappi François Bazaramba, joka tuomittiin elinkautiseen vankeuteen Ruandassa 1994 tapahtuneesta joukkotuhonnasta. Meitä hiukan nolotti, mutta hän ymmärsi suhtautumisemme. Totesimme, että hän oli erittäin hienosti käyttäytyvä ja että hänen Raamattunsa oli täynnä alleviivauksia, eli sitä oli ahkerasti tutkittu. Hän vakuutti meille täysin syyttömyyttään. Meidän oli vaikea uskoa hänen syyllisyyttään. Meillä ei ollut silloin mukanamme englanninkielistä kirjallisuutta, joten pyysimme seuraavalla kerralla vankilan pastoria toimittamaan hänelle englanninkielisen Suuren taistelun. Toivottavasti hän on saanut ja lukenut sen.

Miksi olen adventisti?

Maailmassa on lukuisia seurakuntia, jotka opettavat Raamattua eri tavalla. Tämän on saanut aikaan paholainen. Jumala haluaa ennen toista tulemustaan palauttaa Raamatun opetukset Kristuksen opin mukaisiksi. Siksi uskon, että Jumala on antanut adventtiliikkeelle julistettavaksi lopun aikana Ilmestyskirjassa olevan kolmen enkelin sanoman (Ilm. 14:6–13), joka valmistaa ihmiskuntaa Jeesuksen toista tulemista varten.

"Kolme enkeliä. Minä näin taas uuden enkelin, joka lensi korkealla taivaan laella. Hänen tehtävänään oli julistaa ikuinen evankeliumi maan asukkaille, kaikille kansoille, heimoille, kielille ja maille. Hän kuulutti kovalla äänellä: 'Pelätkää Jumalaa ja antakaa hänelle kunnia – hänen tuomionsa aika on tullut! Kumartakaa häntä, joka on luonut taivaan, maan ja meren ja vesien lähteet" (Ilm. 14:6, 7).

Uudella enkelillä kuvataan ihmisiä, jotka julistavat uudelleen ikuista ja alkuperäistä evankeliumia.

Taivaan laki kuvaa maailmanlaajuista julistusta.

Tämä ikuinen evankeliumi on tarkoitettu kaikille maapallon ihmisille.

Jumalan pelko ja kunnia ovat hänen käskyjensä pitämistä Jumalan armossa ja voimassa.

Jumalan kansan tuomio alkoi taivaassa 1844 (Dan. 8:14), kun tätä sanomaa alettiin julistaa eli se on jo alkanut.

Jumalan kumartaminen luojana on lepopäiväkäskyn (sapatin eli lauantain) hyväksymistä ja noudattamista. *"Muista pyhittää lepopäivä.Kuutena päivänä tee työtä ja hoida kaikkia tehtäviäsi, mutta seitsemäs päivä on Herran, sinun Jumalasi, sapatti. Silloin et saa tehdä mitään työtä, et sinä eikä sinun poikasi eikä tyttäresi, orjasi eikä orjattaresi, ei juhtasi eikä yksikään muukalainen, joka asuu kaupungissasi. Sillä kuutena päivänä Herra teki taivaan ja maan ja meren ja kaiken, mitä niissä on, mutta seitsemännen päivän hän lepäsi. Sen vuoksi Herra siunasi lepopäivän ja pyhitti sen"* (2. Moos. 20:8–11).

"Hänen jäljessään tuli toinen enkeli, joka kuulutti: "Kukistunut, kukistunut on suuri Babylon, tuo portto, joka iljetyksillään on vietellyt kaikki kansat juomaan vihan viiniä" (Ilm. 14:8).

Babylon (Baabel = sekoitus) kuvaa Kristuksen opista langenneita seurakuntia.

Babylon on johdattanut kaikki kansat omaksumaan vääriä Raamatun oppeja. Niitä oppeja ovat mm.:
1) Kristityn ei tarvitse noudattaa kymmentä käskyä.
2) Opetus sunnuntain pyhyydestä. 3) Opetus Kristuksen salaisesta tulemuksesta. 4) Oppi loppumattomasta piinasta. 5) Oppi sielun kuolemattomuudesta. 6) Epäraamatullinen lapsikaste.

"Näiden kahden jäljessä tuli vielä kolmas enkeli, joka kuulutti kovalla äänellä: "Se, joka kumartaa petoa ja sen kuvaa ja ottaa otsaansa tai käteensä sen merkin, joutuu yhtä lailla juomaan Jumalan vihan viiniä, joka laimentamattomana

*on kaadettu Jumalan vihan maljaan. Häntä ki-
dutetaan tulessa ja rikin katkussa pyhien enke-
lien ja Karitsan edessä. Tulesta, joka ihmisiä ki-
duttaa, nousee savu aina ja ikuisesti. Heillä ei ole
päivän, ei yön lepoa – ei niillä, jotka kumartavat
petoa ja sen kuvaa, eikä kenelläkään, joka ottaa
pedon nimen merkikseen"* (Ilm. 14:9–11).

Pedon ja sen kuvan kumartaminen ja sen merkin ot-
taminen otsaansa ja käteensä merkitsee paavinvallan
määräämän lepopäivän (sunnuntain) hyväksymistä
ja noudattamista maailmanhistorian loppuvaiheessa,
kun pedon merkki pakotetaan ottamaan yhteiskunnan
toimesta (Ilm. 13:15,16). Kenelläkään ei siis ole vielä
pedon merkkiä.

The Catholic Record: "Sunnuntai on meidän arvo-
valtamme merkki".

Sapatti eli lauantai on Jumalan ja Hänen kansan-
sa välinen merkki: *"Myös sapattini minä annoin heille,
jotta se olisi merkkinä liitostamme ja muistuttaisi hei-
tä siitä, että minä, Herra, olen pyhittänyt heidät omak-
si kansakseen"* (Hes. 20:12).

Pedon merkin valinneet joutuvat ikuiseen kadotuk-
seen.

*"Tässä kysytään pyhiltä kestävyyttä, niiltä jot-
ka noudattavat Jumalan käskyjä ja uskovat Jee-
sukseen"* (Ilm. 14:12).

Jumalan kansan ikuiset tuntomerkit ovat olleet aina ja
tulevat olemaan ikuisesti voimassa. Ne ovat usko Jee-
sukseen ja Jumalan kaikkien käskyjen (Kymmenen
käskyä) noudattaminen Jumalan armossa ja voimassa.

*"Minä kuulin taivaasta äänen, joka sanoi:
"Kirjoita: Autuaita ne, jotka tästä lähtien kuole-
vat Herran omina. He ovat autuaita, sanoo Hen-
ki. He saavat levätä vaivoistaan, sillä heidän te-
konsa seuraavat heitä."* (Ilm. 14:13).

Kolmen enkelin sanoman vastaanottajille luvataan erityinen autuuslupaus eli iankaikkinen elämä. Kirjallisuudestamme ja jopa kotisivuiltani löytyy tarkempi tulkinta kolmen enkelin sanomalle. Seitsemännen päivän adventtiseurakunta on ainoana maailmassa omaksunut tämän yllä kerrotun kolmen enkelin sanoman, ikuisen evankeliumin, julistamisen sydämen asiaksi. Sitä julistetaan tällä hetkellä yli 200 maassa.

Ellen White – aikamme profeetta

Uskon, että Ellen G, White on Jumalan lähettämä profeetta, Jumala on sanassaan luvannut, että Hän lähettää profeetan valmistamaan Jumalan kansaa Jeesuksen takaisintuloa varten aivan samoin kuin hän lähetti Johannes Kastajan (Matt. 11:7–14) valmistamaan tietä Jeesuksen ensimmäiselle tulemiselle. *"Kuulkaa! Ennen kuin tulee Herran päivä, suuri ja pelottava, minä lähetän teille profeetta Elian. Hän kääntää isien sydämet lasten puoleen ja lasten sydämet isien puoleen. Silloin en tuomitse maata perikatoon, kun tulen"* (Mal. 4:5, 6). Profeetta Elialla tarkoitetaan Elian hengessä toimivaa profeettaa.

Tämä on erittäin tärkeä ennustus, koska se paljastaa oikean seurakunnan lopun aikana. On vain löydettävä tämä Elian hengessä toimiva profeetta ja seurakunta, jossa hän toimii tai on toiminut. Mistä me sitten lähdemme etsimään häntä? On luonnollista, että Ilmestyskirja antaa valoa tähän kysymykseen, koska se on kirjoitettu lopun aikoja varten. Ehkäpä myös Malakia antaa lisäselvityksiä Eliasta. Katsomme ensin Malakian kirjaa. Malakia ei mainitse muualla Elian nimeä. Voisiko Malakia käyttää jotain muuta nimeä Elian tilalla. Samassa luvussa Malakia kirjoittaa: *"Minä lähetän sanansaattajani raivaamaan edelläni tietä. Ja aivan äkkiä tulee temppeliinsä Valtias, jota te odotatte, ja*

Liiton enkeli, jota te kaipaatte. Hän saapuu, sanoo Herra Sebaot. Kuka voi kestää sen päivän, jolloin hän tulee, kuka voi seistä horjumatta, kun hän ilmestyy? Sillä hän on kuin ahjon hehku, hän puhdistaa kuin vahvin lipeä" (Mal. 3:1).

Aivan selvästi tässä puhutaan sanansaattajasta, joka valmistaa tien myös Jeesuksen toiselle tulemukselle. Tässä jakeessa kerrotaan myös ajankohta sanansaattajan ilmestymiselle. Kirjassa *Suuri taistelu* sivulla 272 Ellen White kommentoi tätä jaetta seuraavasti: "Myös Malakia ennusti tämän tulemisen. *"Ja aivan äkkiä tulee temppeliinsä Valtias, jota te odotatte, ja Liiton enkeli, jota te kaipaatte. Hän saapuu, sanoo Herra Sebaot"*. Herran tulo temppeliin oli äkillinen ja odottamaton. Hänen kansansa ei odottanut häntä sinne."

Historian tapahtumat todistavat meille, että Herraa odotettiin maan päälle palaavaksi vuonna 1844 Danielin kirjan 8:14 ennustuksen mukaan: *"Niin kauan, että kaksituhatta kolmesataa iltaa ja aamua on kulunut; sitten nousee pyhäkkö taas kunniaan."* Näin ei kuitenkaan tapahtunut, vaan hän aloitti työnsä Taivaallisen pyhäkön kaikkein pyhimmässä. Tämä oli silloiselle Jumalan kansalle suuri pettymys, jonka Jumala salli tapahtuvan, jotta tämä tärkeä tapahtuma huomattaisiin Jumalan omien seulomiseksi. Tästä tapahtumasta kertoo kuvaannollisesti Ilmestyskirjan 10 luku, jossa kerrotaan makean ja karvaan kirjan syömisestä. Tämä profetia on antanut minulle mitä vakuuttavimman todistuksen siitä, että Jumala johtaa maailman tapahtumia ja pelastussuunnitelmaansa oman täydellisen suunnitelmansa mukaan. Herra todella meni temppeliinsä aivan äkkiä, niin kuin Malakia ennusti.

Tämän Malakian ennustuksen perusteella olen ymmärtänyt, että lopun ajan Elian ilmestyminen valmistamaan tietä Herran toiselle tulemiselle tapahtui tuona samana ajankohtana. Näin me tiedämme Profeetta Elian ilmestymisen ajankohdan. Nyt on vain löydettävä hänet sanoman muiden tuntomerkkien perusteella. Katsomme seuraavaksi Ilmestyskirjaa löytääksemme sieltä valoa oikean profeetan tunnistamiseksi. Me emme löydä sieltäkään Elian nimeä, mutta me löydämme sanoman, joka valmistaa meidät Kristuksen toiselle tulemiselle ja tämän sanoman täytyy olla myös Elian sanoma. Tämän sanoma löydämme Ilmestyskirjan 14 luvusta ja sitä nimitetään kolmen enkelin sanomaksi. Siinä päähuomio kiinnitetään Jumalan poljettuun lakiin, jota säilytetään liitonarkissa taivaallisen pyhäkön kaikkein pyhimmässä sekä Jumalan kansan tuntomerkkeihin: *"Tässä kysytään pyhiltä kestävyyttä, niiltä jotka noudattavat Jumalan käskyjä ja uskovat Jeesukseen"* (Ilm. 14:12). *"Lohikäärmeen raivo yltyi, ja se lähti sotimaan naisen muita lapsia vastaan, niitä, jotka ovat uskollisia Jumalan käskyille ja Jeesuksen todistukselle"* (Ilm. 12:17). *"Jeesuksen todistajissa on profetoimisen Henki"* (Ilm. 19:10).

Näihin edellä oleviin jakeisiin sisältyy kolme ratkaisevaa tuntomerkkiä: Usko Jeesukseen, Jumalan käskyjen pitäminen ja profetoimisen henki, jotka ovat tärkeässä asemassa seurakuntamme opetuksessa. Seurakuntamme pyrkii korottamaan Jeesusta Kristusta kaiken Luojana ja opettamaan kaikkien kymmenen käskyn pitämistä, johon sisältyy myös sapattikäsky. Seurakunnalla on profeetallinen sanoma. Lisäksi adventtiseurakunta syntyi juuri silloin kuin kolmen enkelin sanomaa alettiin julistaa eli juuri vuoden 1844 jälkeen ja se noudattaa apostolisen seurakunnan opetusta. Se on maailmanlaajuinen seurakunta, koska se toimii noin 200 maassa. Se opettaa, että pelastus saadaan ainoastaan Jeesuksen Kristuksen kautta.

Jotta seurakunnan opetus olisi Jumalan tahdon mukaista ja se täyttäisi sille asetetun tehtävän valmistaa tie Jeesuksen toiselle tulemukselle, täytyy seurakunnassa olla auktoriteetti eli siis profeetta. Adventtiseurakunta pitää Ellen G. Whitea Jumalan lähettämänä profeettana, joka toteuttaa Elian tehtävää lopun aikana seurakunnan kautta. Jos näin ei olisi, olisimme vain seurakunta, jossa olisi erilaisia totuuskäsityksiä. Adventtiseurakunnan yksimielisyys on ainutlaatuista ja tämä johtuu juuri Ellen G. Whiten kirjoituksista. Olemme jo todenneet, että hän vaikutti oikeana ajankohtana. Hän nimittäin eli vuosina 1827–1915 ja vaikuttaa nyt seurakunnassamme kirjallisuuden kautta.

Katsomme nyt, täyttääkö Ellen White Raamatussa yleensä profeetalle annetut tuntomerkit. Niiden 70 vuoden aikana, jona Ellen G. White palveli adventtiseurakunnassa, hän sai noin 2 000 suoraa viestiä Jumalalta näkyjen kautta päivin ja öin. Todistajat kertovat Ellen Whiten olotilasta, kun hän sai näkyjä seuraavaa:

• Hän ei hengittänyt. Näky saattoi kestää kolmekin tuntia. Lääkäri totesi, että hän oli aivan kalpea ja että hänen sydämensä lyö, mutta keuhkot eivät toimineet. Profeetta Daniel tunsi samanlaisen voimattomuuden ja kehon vajavuuden näyn aikana (Dan. 10:17).

• Hänen jäsenensä toimivat normaalisti ja silmät olivat auki. Saman koki Bileam, jonka piti kirota Israel (4. Moos. 24:3, 4).

• Hän oli voimaton siirtyessään näkytilaan. Daniel koki samanlaisen voimattomuuden kohdatessaan Herran (Dan. 10:7, 8).

• Kerrotaan, että hän piti yli kahdeksan kiloista Raamattua ojennetussa kädessään puoli tuntia näkynsä aikana. Samoin Daniel sai voimaa, kun Herra kosketti häntä (Dan. 10:18).

• Hän oli täysin tiedoton ulkomaailmasta. Paavalilla

oli samanlainen kokemus, kun hänet temmattiin kolmanteen taivaaseen (2. Kor. 2:1–3).

Ellen White on täyttänyt fyysisesti nämä viisi Raamatun ilmoittamaa oikean profeetan tuntomerkkiä. Katsomme seuraavaksi hänen moraalisia tuntomerkkejään.

• Hän korotti kaikissa kirjoituksissaan Jeesusta Kristusta lihaksi tulleena. Näin kirjoittaa myös apostoli Johannes (1. Joh. 4:1, 2).

• Hän korotti kaikissa kirjoituksissaan kymmeniä käskyjä Jumalan antamana oikean ja väärän mittapuuna. Profeetta Jesaja kirjoittaa samoin (Jes. 8:20).

• Hänen kaikki ennustuksensa ovat toteutuneet tai tulevat toteutumaan aikanaan. Tämän vahvistaa oikeasta profeetasta myös profeetta Jeremia (Jer. 28:9).

• Hänen elämänsä ja työnsä hedelmät todistavat oikeasta profeetasta. Hänen aikalaisensa todistavat hänestä nöyränä ja antaumuksellisena Kristuksen opetuslapsena, jota kunnioitettiin ja arvostettiin. Hän on kirjoittanut ja julkaissut enemmän hengellisiä kirjoja ja useimmilla kielillä kuin kukaan nainen historian aikana. Hän kirjoitti 29 000 sivua, jotka on julkaistu kirjan muodossa sekä 4 500 sivua artikkeleita, jotka on julkaistu eri lehdissä. Tämä merkitsee 25 miljoonaa kirjoitettua sanaa. Jos kaikki hänen kirjoittamansa kirjat pantaisiin päälletysten, niistä tulisi miehen korkuinen pino. Kirjoittajana, puhujana ja neuvonantajana hän kosketteli mitä moninaisimpia elämänaloja. Hän oli perustamassa kasvatustyön alalla koulujärjestelmää, johon nyt kuuluu oppilaitoksia kansakouluista yliopistoihin asti. Hän painotti jo silloin terveellistä elämäntapaa tiedoin, jotka vasta viime vuosikymmenien tieteellinen tutkimus on vahvistanut oikeaksi. Hänen aloitteestaan on levinnyt laaja hengellisten kirjojen kustannustoiminta eri puolille maailmaa. Hänen hedelmänsä täyttävät täysin oikean profeetan tunto-merkit.

Uskon myös, että Ellen White oli juuri sellainen profeetta, josta Jeesus puhui kehottaessaan kiinnittä-mään huomiota profeetan hedelmiin. *"Varokaa vääriä profeettoja. He tulevat luoksenne lampaiden vaatteissa, mutta sisältä he ovat raatelevia susia. Hedelmistä te heidät tunnette. Eihän orjantappuroista koota rypäleitä eikä ohdakkeista viikunoita. Hyvä puu tekee hyviä hedelmiä, huono puu kelvottomia hedelmiä. Ei hyvä puu voi tehdä kelvottomia eikä huono puu hyviä hedelmiä. Jokainen puu, joka ei tee hyvää hedelmää, kaadetaan ja heitetään tuleen. Hedelmistä te siis tunnette heidät"* (Matt. 7:15–20).

Jeesus varoitti tässä jakeessa erityisesti vääristä profeetoista. On selvää, että on myös oikeita profeettoja, muutoinhan hän olisi varoittanut kaikista profeetoista. Vihollinen lähettää näitä vääriä profeettoja eksyttääkseen meitä tunnistamasta oikeita profeettoja. Siksi on vakavasti kiinnitettävä huomiota Jumalan lähettämiin profeettoihin: *"Luottakaa Herraan, Jumalaanne, niin kukaan ei teitä voita. Luottakaa hänen profeettojensa sanaan, niin teidän käy hyvin"* (2. Aikak. 20:20).

Joku sanoo, eikö meille riitä Raamattu. Eikö Jumala ole ilmoittanut Raamatussa kaikki, mitä meidän tulee tietää. Tämä on aivan totta, mutta koska on tapahtunut – niin kuin aikaisemmin totesimme – luopumus, tarvitaan oikeita Raamatun selittäjiä. On palattava alkuperäiseen apostolisen ajan uskoon. On noudatettava protestanttien suurta periaatetta: "Raamattu ja ainoastaan Raamattu uskon ja elämän ohjeena."

Ellen G. White toistaa usein kirjoituksissaan, että hän on pienempi valo, joka johtaa suurempaan valoon. Tänä luopumuksen aikana tarvitaan oikeita Raamatun selittäjiä tai muuten olemme jatkuvasti eksyksissä. Raamatun selittäjiä tarvittiin jopa apostolisena aikana. Tästä kertoo hyvin kertomus Filippoksesta ja etiopialaisesta hoviherrasta: *"Filippos juoksi vaunujen luo, ja kuullessaan miehen lukevan profeetta Jesajaa hän sanoi: "Sinä kyllä luet, mutta mahdatko ymmärtää?" Mies vastasi: "Kuinka ymmärtäisin, kun kukaan ei minua neuvo."* (Ap. t. 8:30, 31). Sen jälkeen Filippos kertoi hänelle Jesajan kirjoituksen ennustuksesta koskien tulevaa Vapahtajaa ja julisti miehelle evankeliumia Jeesuksesta.

Olen todennut, että ne, jotka lukevat Ellen G. Whiten kirjoja, ymmärtävät ja osaavat myös paremmin Raamattua. He ovat vakaalla ja raittiilla pohjalla, eivätkä juokse kaikenlaisten uskonnollisten villityksien ja harhaoppien perässä.

Ne, jotka ottivat vastaan Johanneksen eli Elian sanoman, ottivat vastaan Jeesuksen hänen ensimmäisessä tulemuksessaan. Samoin ne, jotka ottavat vastaan kolmen enkelin sanoman eli Elian sanoman lopun aikana, varjeltuvat vihollisen eksytyksiltä ja ottavat vastaan myös Jeesuksen hänen toisessa tulemuksessaan.

Suosittelen Ellen G. Whiten kirjoituksien lukemista Raamatun rinnalla. Itse olen lukenut monet kerrat saatavillani olevat Ellen G. Whiten kirjat ja olen iloinen siitä, että olen pysynyt jo lähes 30 vuotta adventtiseurakunnan yhteydessä ja uskon olevani raittiilla pohjalla Raamatun opetuksessa. Olen monesti todennut, että loppujen lopuksi Ellen G. Whiten kirjoituksista löydämme parhaimmat selitykset ja tulkinnat Raamatun eri asioille. En ole löytänyt mitään Raamatun vastaisia oppeja tai tulkintoja hänen kirjoituksistaan. Se on uskomaton asia ja todistaa vahvasti hänen profeetallisuutensa.

On suurta Jumalan armoa, että hän on ilmoittanut sanansa kautta oikean seurakunnan ja johdattanut seurakuntaa profeettansa kautta viemään pelastussuunnitelmaansa päätökseen nyt viimeisinä aikoina, jolloin vihollinen yrittää kaikin voimin hävittää Jeesuksen Kristuksen tuntemista. Jumala rakastaa omaa kansaansa kuin silmäteräänsä ja haluaa johtaa meitä jokaista yhä lähemmäksi ja lähemmäksi Jeesusta. Hän haluaa kirkastaa sanansa kautta Golgatan käsittämätöntä uhria syntiemme sovitukseksi. Kiitän Jumalaa siitä suuresta valosta, josta olen päässyt osalliseksi tässä pimeässä maailmassa, ja teen parhaani kertoakseni Jumalan rakkaudesta lähimmäisilleni.

Kokemuksiani armosta

Ihmisen on vaikeata vastaanottaa ilmaista lahjaa vaan hän haluaa ansaita sen jollakin tavalla. Tällainen ominaisuus johtaa omilla töillä ansaittavaan Jumalan vanhurskauteen. Näin oli käynyt juutalaisillekin. He olivat miltei kadottaneet käsityksensä Jumalan lahjaksi saatavasta, ansaitsemattomasta armosta. He toivoivat saavansa vanhurskasten palkan omilla töillään. Tämä tuli yleiseksi käsitykseksi, koska rabbiinit eli Israelin opettajat opettivat kansaa tällä tavalla. Jopa opetuslapsillakin oli epäselvyyttä tästä asiasta, ja siksi Jeesus halusi vertauksillaan oikaista heitä.

Eräs tällainen puhutteleva vertaus Jumalan armosta on mielestäni vertaus isännästä, joka palkkasi päivän mittaan miehiä työhön (Matt. 20:1–16). Silloin oli tapana, että työhaluiset seisoskelivat torilla ja odottelivat mahdollisia työnantajia. Oli siis tärkeätä mennä torille heti aamulla saadakseen riittävän palkan. Näin isäntä palkkasikin miehiä heti aamulla, sitten kolmannella tunnilla, sitten kuudennella tunnilla, sitten yhdeksännellä tunnilla ja viimein yhdennellätoista tunnilla. Työt loppuivat kuitenkin kaikilta samaan aikaan illalla. Isäntä päätti maksaa kaikille saman päiväpalkan, olivatpa he sitten tulleet töihin aamuvarhaisesta tai aivan viime hetkellä. Tämä herätti napinaa muissa työntekijöissä mutta kiitollisuutta viimeksi tulleiden kohdalla.

Tämä on jumalallinen periaate. Ne, jotka ovat kokeneet Jumalan armon aivan elämänsä jälkipuoliskolla tai jopa aivan viime hetkellä, iloitsevat suunnattomasti ansaitsemattomasta palkasta ja tulevat kiittämään Herraa mitä suurimmalla rakkaudella ehkä suuremmalla kuin moni sellainen, joka on ollut pitkän aikaa Herran palveluksessa. Koin elämäni suurimman armon tämän vertauksen mukaan noin keskellä työpäivää eli 40-vuotiaana, kun olin ollut okkultismin pauloissa 10 vuotta ja Jumala kutsui minut ihmeellisellä tavalla pois vihollisen valtakunnasta Jumalan valtakuntaan. Tämä kokemus on kannustanut minua koko uskossa oloajan pysymään Herrassa kiinni, etten vain hellittäisi, sattuisipa minulle sitten mitä tahansa.

Kun ihminen tulee uskoon ja kokee Jumalan armon ja saa syntinsä anteeksi, alkaa todellinen taistelumme syntiä vastaan. Paavali sanoo siitä näin: *"Vielä te ette ole joutuneet vuodattamaan vertanne taistelussa syntiä vastaan"*(Hebr.12:4). Jumala on kuitenkin armollinen meitä ihmisiä kohtaan. Hän tuntee heikkoutemme ja on valmis auttamaan meitä taistelussamme.

Kerron erään tällaisen kokemuksen, joka tapahtui noin 30 vuotta sitten jo uskossa ollessani. Lankesin vakavaan syntiin, itkin ja pyysin Jumalalta anteeksi. Sama toistui useita kertoja vastustuksestani ja pyrkimyksistäni huolimatta. Olin epätoivoissani. Eräs seurakuntasisar kertoi minulle silloin, että hänelle oli ilmestynyt kotona ollessaan olento, ilmeisesti enkeli, joka sanoi, että Seppo on suurissa vaikeuksissa. Tämä puhutteli minua lopullisesti. Ymmärsin heti, mistä oli kysymys. Ryhdyin heti radikaalisiin toimenpiteisiin asian korjaamiseksi. Pääsin Jumalan armosta vapaaksi tuosta kiusauksesta. Kiitän Herraa siitä, että olen edelleen uskossa ja seurakunnan yhteydessä. Jumalan sanan mukaan olen saanut syntini anteeksi. Jumala on armollinen ja ymmärtää heikkoutemme. Minua on tässä asiassa rohkaissut suuresti Sanalaskujen 24:16: *"Vaikka hurskas seitsemästi kaatuisi, hän nousee jälleen, mutta jumalaton sortuu onnettomuuteensa"*.

Kerron vielä erään toisen kokemukseni lapsuudesta, joka on opettanut minua riippumaan Jumalan armossa. Olin silloin noin 10-vuotias. Siihen aikaan oli osa raitiovaunuista kesäisin päätyjen osalta avonaisia ilman sivuovia. Ruuhka-aikoina, kun vaunut olivat täynnä, matkustajat eivät kaikki mahtuneet sisälle vaan roikkuivat oviaukoissa pitäen kiinni käsipylväistä ja jalat olivat porrasaskelmilla. Jouduin sitten poikasena tällaiseen tilanteeseen. Raitiovaunu lähti huristamaan kovaa vauhtia alamäkeä pitkin Snellmaninkatua Helsingissä. Jostain syystä jalkani irtosivat porrasaskelmilta ja jäin riippumaan käsieni varaan ja jalkani laahasivat pitkin katukivitystä. Muistan selvästi, että aioin irrottaa käteni, koska en jaksanut enää pitää kiinni pylväistä. En osannut ajatella silloin mahdollisia seurauksia. En kuitenkaan irrottanut otettani, jokin ihmeellinen voima piti käsiäni pylväissä. Viimein saatiin sana kuljettajalle ja raitiovaunu pysähtyi ja pääsin ylös vaunuun.

Tämä tapaus on tullut mieleeni monesti. Miten olisi käynyt, jos otteeni olisi irronnut. Olisinko jäänyt vaunun ruhjomaksi tai olisinko lyönyt pääni katuun tai muuten loukkaantunut. Jälkeenpäin olen itsekseni ajatellut, että varmaan enkeli piti kiinni käsistäni, etten päässyt putoamaan. Ihmeelliseltä vain tuntui, että käteni pysyivät kiinni ja selvisin pelkällä säikähdyksellä. Samoin Jumala pitää meistä kiinni uskon tiellä, kun riipumme hänessä kiinni kaikin voimin. Jo uskoon tullessani omaksuin Raamatusta mielijakeekseni 5. Moos. 30:20: *"Rakasta Herraa, sinun Jumalaasi, kuule hänen ääntänsä ja riipu hänessä kiinni, sillä siinä on sinun elämäsi ja pitkä ikäsi, ja niin sinä saat asua siinä maassa, jonka Herra sinun isillesi, Aabrahamille, Iisakille ja Jaakobille vannotulla valalla on luvannut heille antaa."*

Me lankeamme usein ja häpeämme omaa kehnoa vaellustamme. Jos emme tuntisi Jumalaa ja hänen sanaansa, joka ovat meidän parhaaksemme, me varmaan irrottaisimme otteemme hänestä. Vaikka haluaisimmekin irrottaa, on Jumala armollinen, hyvä ja anteeksiantava. Hän tekee kaikkensa meidän hyväksemme ja pitää meistä kiinni tukevalla otteella.

Patriarkka Jaakob antoi sinnikkyydestään esimerkin painiskellessaan enkelin kanssa Jabbok-joen rannalla (1. Moos. 32). Jaakob oli suuressa ahdistuksessa syntiensä takia vuoristoseudulla, missä rosvot ja villipedot ahdistivat häntä. Jaakob joutui taisteluun olennon kanssa, jota hän luuli viholliseksi. Kerrotaan, että painiskelu jatkui miltei päivänkoittoon asti. Viimein Jaakob tajusi, että hän paini taivaallisen olennon kanssa. Kun tämä selvisi Jaakobille, hän ei päästänyt otettaan irti. Enkeli koetti irrottautua, mutta Jaakob ei hellittänyt. Hän tajusi syntisyytensä ja hänen oli saatava varmuus siitä, että hän oli saanut syntinsä anteeksi. Jaakob vastasi enkelille: *"En päästä sinua, ellet siunaa minua."*

Jaakob antoi meille malliesimerkin siitä, miten syntisen ihmisen on turvauduttava Jumalaan. Näin Jaakob voitti nöyryydellään, katumuksellaan ja sinnikkyydellään Taivaan Majesteetin ja sai siunauksen ja varmuuden syntiensä anteeksiannosta. Tästä Jaakobin hellittämättömästä taistelusta ovat Jumalan lapset saaneet kautta aikojen rohkeutta ja sitkeyttä taistelussa syntiä vastaan. Se opettaa meille voimakkaasti aitoa katumusta ja kääntymistä Jumalan puoleen sekä uskoa ja luottamusta Jumalan armoon ja lupauksiin.

Me emme saa irrottaa otettamme Jumalasta, vaikka taistelu tuntuisi toivottomalta. Jumala rakastaa jokaista luomaansa ihmistä, joka syntinsä tunnustaen turvautuu häneen. Erityisesti Jumala rakastaa sellaisia ihmisiä, joilla on luonteen heikkouksia ja puutteita. Hän vie perille heikoimmankin ihmisen, joka hänessä riippuu ja turvaa etsii. Jokainen Jumalan lapsi joutuu jossain elämänsä vaiheessa taistelemaan Jaakobin taistelun. Tämä kaikki tapahtuu Jumalan sallimuksesta meidän parhaaksemme. Hän on meidän Isämme, joka rakastaa meitä suunnattomalla rakkaudella ja on täynnä mittaamatonta anteeksiantoa ja armoa. Hän on rakkaus vertaansa vailla.

"Jumala on rakastanut maailmaa niin paljon, että antoi ainoan Poikansa, jottei yksikään, joka häneen uskoo, joutuisi kadotukseen, vaan saisi iankaikkisen elämän" (Joh. 3:16).

Jeesus ja
Raamatun profetiat

Helsingin lähiradiossa 100,3 MHz sunnuntaisin klo 9.00. Ohjelmissa hengellisiä opetussarjoja, kirjoja, saarnoja ym. Niihin liittyvää aineistoa myös osoitteessa: www.sananmiekka.fi

Adventistit ovat protestanttisia kristittyjä, joiden päätehtävänä on evankeliumin vieminen kaikkialle maailmaan. Sanajulistustyön lisäksi koulu- ja avustustoiminta sekä terveydenhuolto ovat tärkeässä asemassa. Toimintaa on maailmassa noin 200 maassa. Kirkolla on paljon yliopistollisia korkeakouluja, sairaaloita, parantoloita ja avustuspisteitä ympäri maailmaa.

Hyvä lukija

Luettuasi tämän julkaisun monet uskonnolliset kysymykset ovat saattaneet jäädä askarruttamaan mieltäsi. Voit siinä tapauksessa ottaa yhteyttä Media7 Raamattuopistoon ja paneutua kristityn elämää ja tulevaisuutta koskeviin kysymyksiin kirjekurssien kautta. Ensimmäiset opintovihot saat paluupostissa. Kurssi tarjotaan maksuttomasti ilman sitoumuksia. Valitse aluksi yksi seuraavista kursseista:

Maailman Valo. 25 opintovihkoa Jeesuksen elämästä ja opetuksista.

Löytöjä Raamatusta. 26 opintovihkoa. Raamatun vastauksia uskon ja elämän tärkeimpiin kysymyksiin.

Ilmestyskirja avautuu. 16 opintovihkoa. Raamatun viimeisen kirjan näyt avattuna.

Media7 Raamattuopisto, PL 200, 00121 Helsinki, puh. 0400 200 770, www.media7.fi, raamattuopisto@media7.fi.